질문하는 삶

질문하는 삶

초판1쇄 발행 2019년 4월 19일

지은이 | 류대성
펴낸이 | 조미현

편집주간 | 김현림
책임편집 | 허원
디자인 | 이영민

등록 | 1951년 12월 24일 제10-126호
주소 | 04029 서울시 마포구 동교로12안길 35
전화 | 02-365-5051
팩스 | 02-313-2729
전자우편 | editor@hyeonamsa.com
홈페이지 | www.hyeonamsa.com

ISBN 978-89-323-1985-8 03100

이 도서의 국립중앙도서관 출판예정도서목록(CIP)은 서지정보유통지원시스템 홈페이지
(http://seoji.nl.go.kr)와 국가자료종합목록시스템(http://www.nl.go.kr/kolisnet)에서
이용하실 수 있습니다. (CIP제어번호: CIP2019011956)

질문하는 삶

살면서 한 번쯤은 짚고 넘어가야 할 것들

류대성 지음

ⓗ현암사

나는 왜
불편한가?

대학 졸업을 앞둔 마지막 학기 12월의 캠퍼스는 을씨년스러
웠다. 낙엽이 떨어지고 가을 학기를 마감할 무렵이니 당연한
일이었는지도 모르겠다. 졸업과 동시에 군 입대를 앞둔 나는
과 대표를 맡고 있었다. 복학생 형들과 동기들에게 졸업여행
을 제안했지만 대부분 시큰둥한 반응이었다. 수업은 빠져도
엠티와 뒤풀이에 개근하는 부류의 사람들을 어찌어찌 모았
고, 친한 교수님 한 분이 합류했다. 승합차 한 대를 빌려서 출
발하려는데 친한 3학년 후배 녀석이 "형, 어디 가?"라고 물었
다. "일단 타라. 가면서 얘기하자." 그렇게 차에 올라탄 후배
는 태안군 파도리에 내려 1박 2일을 함께 보냈다. 20년도 훌
쩍 넘은 시절의 한 장면이다.

　더는 학교에 기대지 못하는 시기였기 때문일까. 취업 준
비, 각종 시험과 자격증 준비, 대학원 준비로 다들 바빴지만,

누구에게서도 미래를 생각하면 두근거린다는 표정을 읽을 수는 없었다. 그렇게 뿔뿔이 흩어졌고, 이제는 누군가의 결혼식, 돌잔치, 부모님의 장례식에서 서로의 벗겨진 이마와 튀어나온 뱃살을 확인한다. 국회의원 보좌관으로 정치권에 입문하거나 노조 활동을 위해 공장에 취업하거나 농촌에 일찍 터를 잡거나 하며 특별한 길을 선택한 몇몇 선후배와 동기들을 제외하면 대개 회사원, 공무원, 자영업자 등으로 살아간다. 다들 고만고만한 일상이다. 아주 가끔씩 김광규의 시 「희미한 옛사랑의 그림자」가 떠오르기도 하지만, 세월은 계속 흘렀다.

이제 지난 시간과 남은 날을 가르는 세월의 한복판에 서 있다. 그럼에도 인생의 모퉁이를 돌 때마다 부딪혔던 흔한 질문들에 대한 답을 찾지는 못했다. '어떻게 살 것인가?', '무엇을 위해 살 것인가?', '왜 살아야 하는가?' 따위의 질문은 사춘기 시절 잠 못 이룬 날들의 고민이 아니라 단 한 순간도 쉬지 않고 삶이 내게 물었던 실존적 질문들이다. 궁금했지만 아무도 답을 해주지 않았고, 누군가에게 이야기를 들어도 도움이 되지 않았다. 그러나 고구마를 먹은 것처럼 답답하고 숨 막히던 순간이 지나고 잠시 일상에 쫓기다 보면 생각할 틈도 없다. 일상은 '먹고사니즘'을 위한 바쁜 하루하루다. 그러다 보면 또다시 벽에 부딪치곤 한다.

나는 하나도 괜찮지 않은데 다들 괜찮은 것처럼 살아간다. 우리는 살면서 '상식적으로 생각해보세요'라는 말을 많이 듣는다. 일상에서, 드라마에서, 정치 토론 프로그램에서 논쟁하는 장면마다 등장하는 '상식'. 그런데 언제나 각자의 상식은 달랐다. 상황과 맥락을 도려내고 비난하거나 자기에게 유리한 쪽의 상식을 꺼내 드는 사람을 자주 본다. 거창한 목표와 그럴듯한 가치를 내세우지만 결국 그것을 승진과 출세의 수단으로 삼는 사람들, 대의와 비전을 내세우면서 자기 잇속을 챙기는 사람들, 철저하게 가족 이기주의에 매몰되어 경쟁에서 이길 수만 있다면 세상을 지옥으로 만들어도 괜찮다고 생각하는 사람들을 우리는 현실에서 어렵지 않게 만난다. 그들은 자주 상식적으로 생각해보라고 주문한다. 왜 각자의 상식은 다를까.

공중부양이라도 해야 할 것 같은 출근길 지하철에서, 퀵서비스 오토바이에 매달려 다음 학교 논술 시험장으로 달려가면서, 갑작스레 교통사고로 세상을 떠난 친구의 장례식장에서, 영원히 사랑한다는 맹세를 하고도 떠나버린 연인의 뒷모습을 바라보며…… 사랑, 죽음, 돈, 공부, 리더, 소유, 정치, 인권, 행복 등 우리 삶에서 가장 중요한 것들에 대한 근본적인 문제는 해결되지 않은 채 고민만 깊어간다. 언제까지 개인의 '노오력'이 부족한 탓이라고 반성만 해야 하나. 언제까지 생각한 대로 살지 못하고 사는 대로 생각해야 하는가. '왜'라는 근본적인 질문 대신 '어떻게'라는 방법에만 골몰한 건 아닌가.

초등학생부터 노인에 이르기까지 나이, 성별, 직업, 학력, 종교와 무관하게 우리는 '열심히' 살아간다. 이렇게 최선을 다하는데도 왜 세상은 더 나아지지 않는 걸까? 왜 나는 조금 더 즐겁고 행복한 삶을 꿈꿀 수 없는 걸까? 사람 사는 세상에서 벌어지는 온갖 일들과 내일을 향해 열정을 불태우는 사람들이 한 번쯤 부딪히는 문제의 근본을 살펴보자. 세상에 넘쳐나는 해결책과 비법은 일시적이고 구체적인 방법을 제시하지만, 사람들의 삶은 각기 다르다. 서 있는 자리가 다르고, 바라보는 풍경도 다르며, 생의 목표도 다르다. 결국 같은 주제라도 스스로 고민하고 판단하고 결정할 수밖에 없다. 그래서 인생은 외롭다.

이 책에서 다루는 열두 가지 주제는 인생이라는 골목길의 담벼락을 따라 걷다 모퉁이를 돌 때 느끼는 불안 혹은 두근거림에 관한 질문들이다. 이미 수많은 사람이 그 길을 걸었고 앞으로도 많은 사람이 걷게 될지 모른다. 누군가는 벽을 허물고 또 누군가는 새로운 길을 낸다. 나처럼 평범한 사람들은 적당히 비겁하게, 때때로 흔들리며 주어진 길을 걷는다. 길모퉁이를 돌아 또 다른 선택의 길 앞에 설 때마다 '유레카!'를 외치지는 못해도 자기 나름대로 이유를 찾고 고민하는 시간이 필요하다고 믿는다. 조금 다른 시선으로, 삐딱한 눈으로, 옆과 뒤를 돌아보며 내가 걷는 길을 함께 점검하는 기회가 된다면 좋겠다. '나는 왜 불행한가'라는 절망과 좌절 대신 '나는 왜 불편한가'라는 물음을 던져보자. 천천히 나만의 호흡과 보폭으로 걸으며, 세상에 나를 맞추는 대신 세상을 나에게 맞춰보는 연습이 필요하다.

차례

일러두기

1. 외래어 표기는 국립국어원 외래어 표기법을 따랐으나, 일반적로 통용되는 경우는 관용을 따르기도 했다.

2. 단행본이나 장편 소설은 겹낫표(『 』)를, 논문이나 시, 단편 소설은 홑낫표(「 」)를, 신문이나 잡지는 겹화살괄호(《 》)를, 방송 프로그램이나 노래, 영화는 홑화살괄호(〈 〉)를 사용해 표시했다.

하나 ○

행복은 얼마면 살 수 있을까?

○ '도덕'은 우리가 세상을 움직이고 싶은 방식을 가리키고, '경제학'은 세상이 실제로 작동하는 방식을 가리킨다. 우리는 '세상을 움직이고 싶은 방식'과 '실제로 작동하는 방식' 사이의 거리를 좁히려고 노력해야 한다.

낭만적 사랑과
현실의 행복

희원은 오늘도 행복을 사러 집을 나선다. 무더운 여름날 시원한 카페에서 남자 친구와 나누는 즐거운 대화, 맛있는 점심과 영화 한 편이 오늘 치 행복이다. 집에 돌아오는 길에 편의점에 들러 버스카드를 충전하고 음료수를 사는 걸로 하루를 마무리한다. 희원은 평범한 주말 하루의 사소하지만 확실한 행복을 위해 기꺼이 비용을 지불한다. 그러나 커피 한 잔은 최저임금 시급에 맞먹기도 한다. 그래서 돈 없는 청춘에게 낭만적 사랑은 현실을 배제한 공상에 불과할 때가 많다.

누군가는 자본주의 사회의 모순에 대해서 이야기하고

또 누군가는 돈이 인격이라고 하지만, 누구도 일상생활을 위한 기본 비용을 부인할 수는 없다. 가난해도 행복할 수는 있지만 돈이 있으면 더 행복하다는 사실도 부정할 수 없다. 희원은 문득 행복의 가격이 궁금해졌다. 비용 대비 행복을 수치화하는 일도 가능할 것 같다. 하지만 현실은 만만치가 않다. 행복하고 평온한 삶을 위해 돈은 얼마나 필요한지, 원하는 대로 살 수 있을지 자신이 없다.

희망 없이 사랑하라는 말처럼 무책임한 말이 있을까. 현실적으로, 가난한 청춘의 연애가 행복에 이르는 길은 낙타가 바늘구멍을 통과하는 것보다 어렵다. 청년 세대의 연애, 결혼, 출산 포기는 개인의 선택이나 생활 방식의 트렌드가 변했기 때문이 아니다.

2010년 즈음 등장한 'N포 세대'는 우리 시대 청년들의 자화상이다. 비정규직은 일반적인 고용 형태로 자리 잡았고, 청년 실업률은 연일 신기록을 경신하고 있다. 이렇게 먹고살기 힘든 상황에서는 사랑도 사치다. 데이트 비용은 물론 결혼 후의 주거 비용, 육아 부담, 사교육비와 대학 등록금은 결혼과 출산뿐 아니라 생존 자체를 위협한다. 어쩔 수 없이 받아들여야 하는 현실치고는 절망스럽다. 이 모든 게 돈 때문이라는 결론은 지나친 말로 들릴지 모르나, 우리가 개인의 행복과 삶의 가치가 돈으로 환산될 수도 있는 서글픈 시대를 살고 있다는 사실은 부정할 수 없다.

세대 간 긴장과 갈등은 하루 이틀 사이의 문제가 아니다. 일제강점기부터 한국전쟁 이후까지 파란만장한 시대에 줄서기에 능해 출세 가도를 달린 소설의 주인공 '이인국'을 기억하는가? 전광용의 단편 소설 「꺼삐딴 리」에서 이인국 박사는 상황에 따라 일본에 붙었다 소련에 붙었다 미국에 붙었다 하며 카멜레온처럼 표변하는 간사한 기회주의자로 묘사된다.

하지만 오늘의 시선으로 바라보면 그는 권력 이동과 헤게모니의 변화를 정확하게 읽어내는 '트렌드 세터'라고 할 수 있지 않을까? 상황 파악이 빠르고 위기관리 능력이 뛰어난 사람이라는 분석은 틀린 걸까? '애국심'의 관점으로 그를 비난할 수는 있어도 개인의 안전과 이익을 앞세웠다는 이유로 욕할 수는 없다. 이인국처럼 치열하게 살아온 세대는 오늘날 청춘에게 '대체 뭐가 힘드니?'라고 말할지 모른다. 그렇다고 열심히 노력하면 누구나 잘살 수 있는 세상이니 취업, 결혼, 육아 문제는 각자의 능력 탓이라는 생각에 동의해야 할까?

대한민국은 세계 어느 나라보다 역동적이고 혼란스러운

근현대사를 겪었고, 절체절명의 위기 때마다 국민들에게는 '생존'이 삶의 목표일 수밖에 없었다. 살아남기 위해 '돈'은 절대 조건이었다. 돈이 없으면 생존 자체가 불가능했던 경험은 다음 세대에게도 뿌리 깊은 교훈으로 전해졌다. 여기서 생존과 성공은 '밥'만을 의미하는 것이 아니다. 사교육에 매달릴 수밖에 없는 대입 제도, 정경유착에 의한 재벌 특혜, 청탁과 뇌물로 얼룩진 공공기관의 각종 인허가 비리 등은 돈보다 중요한 것이 없는 세상을 만들기에 충분했다.

삶이 곧 생존이고, 생존이 곧 돈인 우리의 자화상이다. 가난하다고 해서 사랑을 모르지는 않지만, 낭만적 연애와 사랑은 이 시대의 현실 앞에 쉽게 좌절하고 만다. 희원은 희원대로, 남자 친구는 남자 친구대로, 다른 누군가는 그 사람대로 경제적 자산과 소득에 따라 행복 지수가 다르고, 그에 따라 그들의 미래는 차이가 날 것이다.

2012년 교육부가 발표한 '학교 진로 교육 지표 조사'에 따르면, '성인이 된 후 가장 원하는 것이 무엇이냐'라는 질문에 고등학생의 52.7퍼센트가 '돈'이라고 응답했다. 2위인 '명예'(16.5퍼센트)보다 무려 36.2퍼센트포인트 높은 비율이다. '권력', '봉사', '인기'는 후순위였다(조사 결과가 논란이 되자 2013년부터는 설문 내용을 삭제했다).★ 기성세대의 생각이 청소년에게 어떻게 투영됐는지를 반증하는 결과다. '아이는 어른의 등을 보며 자란다'라는 속담 그대로다.

개인의 삶은 물론 우리 사회의 지향점, 나아가 지구의 환경과 생태까지도 좌우하는 막강한 힘을 가진 도구가 돈이다. 그렇다고 해서 돈이 인간의 삶을 지배하고 세상을 통제하는 현실이 바람직하다고 생각하는 사람은 없다. 돈이면 안 되는 게 없는 세상에 대한 냉소 대신 문제의 원인과 대안을 고민하는 데서 해결의 실마리를 찾아야 한다. 초등학생들의 꿈이 건물주인 세상을 살아가며 '로또 외엔 방법 없다'를 가훈으로 삼을 수는 없는 노릇이다.

개인의 이기적 욕망과
공동체의 질서

숨을 쉬는 데도 돈이 든다. 무더운 여름날에는 마음 편히 시원한 공기를 마시려고 카페에 가는 사람들이 많다. 수다를 떨고, 책을 읽고, 공부를 하는 사람들은 시원한 공기를 위해

★ 교육부 진로정보망 커리어넷(http://www.career.go.kr) 참조.

기꺼이 돈을 지불한다. 자본주의 사회에서는 모든 걸 돈으로 환산할 수 있을 것 같다. 이때 돈이 단순한 화폐를 의미하는 것은 아니다. 누가 종잇조각을 받고 음식과 옷을 내어주겠는가!

자급자족 시대를 넘어 물물교환이 이뤄지자 인류 사회는 곡식을 비롯해 소금, 장신구, 금, 은 등을 이용해 거래를 했다. 사냥꾼이 잡은 토끼와 어부가 낚은 고등어, 농부의 쌀을 어떻게 교환해야 할지 곤란했기 때문에, 차츰 인류는 직접 물건을 교환하는 대신 화폐를 만들어 사용했다. 교환을 위한 편리한 매개이자 수단이던 돈은 언제부턴가 삶의 목적이 되었다. 그것은 돈이 교환가치를 넘어 가치의 저장 수단, 지급 결제 수단, 가치 척도라는 막강한 기능을 가지게 되었기 때문이다. 게오르그 짐멜은 "수단이 목적으로 상승한 가장 완벽한 예가 돈"이라고 말했다.

통장을 들고 은행에 가던 일은 추억이 된 지 오래다. 이제는 가상 화폐가 미래 사회를 어떻게 바꿔놓을지 예측하기 힘들다. 돈은 일상을 지배하고 우리가 사는 사회의 시스템을 규정하기도 한다. 손에 잡히고 눈에 보이는 화폐조차 필요 없는 세상이 다가온다. 구체적 현실을 살아가는 사람들이 추상적인 가상 경제 시스템의 지배를 받을 날이 멀지 않았다.

방법이 달라졌을 뿐, 현대사회에서 돈은 여전히 삶의 목적과 방향을 결정하는 절대적 지배자다.

예를 들어, 인도에서는 약 6,250달러를 내면 대리모를 합법적으로 고용할 수 있고, 유럽에서는 13유로만 내면 탄소 1톤 배출권을 살 수 있으며, 미국의 일부 주州에서는 교도소 수감자들이 추가 비용을 내면 깨끗하고 조용한 개인실로 옮기는 '감방 업그레이드'가 가능하다. 또 돈만 있으면 자녀의 명문대 기부 입학은 물론 놀이공원에서 줄의 맨 앞에 갈 수 있는 티켓을 살 수 있고, 마치 고급 호텔의 지배인 같은 전담 의사의 24시간 의료 서비스도 받을 수 있다.

이런 현상을 두고 마이클 샌델은 "시장경제를 가진having a market economy 시대에서 시장 사회를 이룬being a market society 시대"로 바뀌었다고 분석한다. 시장이 인간을 지배하는 구조라면 돈으로 살 수 없는 것은 없다. 이것이 우리가 사는 세상이며, 부정할 수 없는 현실이다.

이런 사례는 미국이나 인도, 유럽에만 국한된 일이 아니다. 어쩌면 이 시대를 살아가는 우리에게도 익숙한, 쓸쓸한 풍경이다. 예를 들어 주말에 영화를 본 회원의 모습을 떠올려보자. 똑같은 영화를 보더라도 좌석마다 관람료가 다르다. 비용의 차이만큼 영화에 대한 감동과 느낌까지 다를 수 있

하나 ○ 행복은 얼마면 살 수 있을까?

다. 이런 식이라면 우리의 생활 자체가 모두 등급제로 바뀌어 영화를 보면서도 자신의 좌석에 따라 위화감을 느낄 수도 있지 않을까?

잘못된 제도와 시스템을 해결하고 미래를 준비하기 위한 방법은 비판적 시각으로 세상을 바라보는 일이다. 세상은 돈의 흐름을 따라 작동하지만, 여기에 도덕적 판단이 결여되면 심각한 문제가 발생한다. 이 문제를 해결하기 위해서 우리는 시장과 도덕 그리고 인간 사이에 벌어지는 부적절한 현상들에 주목해야 한다. 쉽게 말해 돈의 노예가 되지 않으려면, 돈으로 살 수 있는 것들 중에서 돈으로 사면 안 되는 것들이 무엇이고 그 이유가 무엇인지 따져봐야 한다. 그러지 않으면 자본으로부터 소외되어 인간답고 행복한 삶은 불가능하다.

사람들이 세상의 모든 것을 돈으로 살 수 있다고 믿는 이유 중 하나는 공동체의 도덕적 가치마저 사고팔 수 있는 대상으로 바뀌었기 때문이다. 공동체의 도덕적 가치는 대부분의 사람들이 동의하는 기본적인 삶의 질서다. 전통과 문화에 따라 조금씩 다를 수 있지만, 이것이 흐트러지면 사회의 근간이 흔들리며 공동체가 붕괴될 수도 있다.

그렇다면 윤리 혹은 도덕의 기준은 뭘까? 철학자 칸트

는 인간이 타고난 선의지에 따라 보편타당한 도덕법칙을 세워 자율적으로 행동해야 한다고 주장했다. 무엇이 도덕적 행위인지를 판가름하는 데 결과보다는 선의지라는 '동기'가 중요하다는 말이다. 악한 마음으로 시작한 행동은 좋은 결과를 얻어도 도덕적으로 비난받아야 한다는 생각이다. 반면 제러미 벤담 같은 공리주의자들은 동기나 의도보다 '결과'가 중요하다고 주장한다. 이들에게는 최대 다수의 최대 행복과 쾌락이 중요하다. 공동체의 도덕적 가치를 선한 '동기'에 둬야 할까, 아니면 다수의 행복과 쾌락이라는 '결과'에 둬야 할까? 사람마다 생각이 다르겠지만, 그 기준을 만족시킬 수 있다면 무엇이든 사고팔아도 괜찮을까?

정의로운 세상은 공동체 구성원들이 합의한 도덕적 가치에 따라 개인에게 합당한 몫을 나누어주는 사회다. 하지만 '합의'도 어렵고 '분배'의 기준과 방법을 정하는 일도 쉽지 않다. 우리 사회에서도 여전히 이견이 많은 성장과 분배의 문제가 여기에 해당한다. 정부의 정책과 기업의 운영 방식에 따라 국민들의 생활이 바뀐다. 개인의 노력으로 돈을 얼마나 벌어야 행복할지에 대한 문제는 기업의 사회적 책무, 정부의 경제정책, 사회의 분배 구조에 따라 달라진다.

이는 단순히 정치와 경제가 개인의 행복을 좌우한다는

하나 ○ 행복은 얼마면 살 수 있을까?

의미라기보다 시장과 공동체가 중요시하는 도덕적 가치의 문제라고 볼 수 있다. 죽음으로 내몰린 해고 노동자, 경찰의 물대포에 맞아 죽은 농민, 벼랑으로 내몰린 철거민의 눈물을 외면한 채 오로지 돈이 내 삶을 행복하게 해줄 거라는 믿음은 공허하다. 정의롭지 못한 세상에서 평범한 사람들의 행복은 하늘에 뜬 무지개처럼 좀체 손에 잡히지 않는다.

북유럽 국가에서와 같은 복지, 교육, 의료 시스템은 개인의 노력과 돈만으로 만들 수 없다. 함께 세상을 살아가는 이웃에 대한 연민, 정경유착과 부정부패가 없는 투명한 시스템, 약자에 대한 인권 감수성이 살아 있어야 한다. 공동체 구성원의 합의가 이루어지고 기업가, 정치인, 검찰과 국정원 등 부와 권력에 대한 언론의 비판이 제 기능을 발휘해야 한다. 개인의 행복을 위해서는 오히려 거시적인 안목이 필요하다. 자유와 평등이 보장된 깨끗하고 안정된 사회 안에서 개인은 행복한 삶을 꿈꿀 수 있다. 나만 잘 먹고살면 그만이라는 이기적 욕망이 공동체의 질서를 무너뜨릴 수도 있다.

삶 속에 나타나는 좋은 것은 상품화하면 변질되거나 저평가된다. 시장에 속한 영역이 무엇인지, 시장과 거리를 두어야 할 영역이 무엇인지 판단하려면 해당 재화, 즉 건강, 교육, 가정생활, 자연, 예술, 시민의 의무와 같은 재화의 가치를 평가하는 방법을 결정해야 한다. 이는 단순히 경제적인 문제에 그치지 않고 도덕적이면서 정치적인 문제다.[★]

마이클 샌델의 고민도 결국 '도덕'과 '정치'의 문제로 귀결된다. '사회적 삶과 시민 생활'이라는 공적인 영역을 조금 더 깊이 고민하지 않으면 개인의 행복도 보장될 수 없다. 사적 영역에서 사람마다 돈의 가치와 의미는 조금씩 다르다. 하지만 공적 영역은 단순히 경제적 측면이 아니라 도덕과 정치의 문제로 다뤄야 한다는 의미다. 공동체는 많은 사람들의 생각과 태도가 모여 질서를 유지한다. 돈이 많다고 해서 자격 없이 대학에 가고, 상속을 받아 불로소득으로 먹고살며, 권력을 이용해 손쉽게 돈을 버는 사회에서 개인의 행복을 이야기하기는 어렵다. 분배의 정의가 이뤄지고 도덕적 가치가 지켜지는 사회를 만들기 위한 고민이 내 삶의 행복을 위한 전제 조건이다.

이기적 욕심을 버리고 공동체의 질서를 위해 희생하며

★ 마이클 샌델, 『돈으로 살 수 없는 것들』, 안기순 옮김, 와이즈베리, 2012, 28쪽.

살 수는 없어도 모든 현실이 경제적 가치로 평가되는 사회는 바람직하지 않다. 돈의 유무와 상관없이 지켜야 하는 절대 가치, 공동체의 질서, 삶의 원칙은 모든 사람이 인정하고 공유해야 하는 게 아닐까?

정의도 돈으로
살 수 있을까

일반인의 관점에서 돈과 시장의 문제는 간단해 보인다. 고전적인 경제 원리 중 하나인 '보이지 않는 손'에 의해 수요와 공급이 결정되고 그 가치는 가격으로 표시되기 때문이다. 하지만 시장에서 '신장腎臟'이 거래된다면 어떨까? 장기 거래는 가난한 사람들을 노리기 때문에 자발적 선택에 의한 것이라고 볼 수 없으며, 우리 몸을 여러 부속이 합쳐진 것으로 보는 비인간적 관점을 담고 있다. 성매매나 입양아 거래도 이와 다르지 않다. 불공정하고 부패한 사례다.

합법적인 사례를 한번 살펴보자. 2016년 기준으로, 이마트 대표이사의 월급은 이마트 노동자 월급 평균보다 110배가 많다.* 회사는 경영 환경이 좋지 않다며 허리띠를 졸라매

자고 했지만, 8.6퍼센트가 넘는 영업이익에도 불구하고 노동자들의 임금 인상률은 2퍼센트에 못 미쳤다. 대기업에서 합법적으로 벌어지는 일이다. 어떻게 돈을 벌어야 할지 고민하고 얼마나 돈이 많아야 행복한지 상상해 보지만, 이런 문제가 해결되지 않으면 개인의 노력만으로 행복하게 살 수 있을 정도의 돈을 버는 일은 불가능하다. 정의로운 분배는 정의로운 세상을 위한, 내 삶의 행복을 위한 필수 요소다.

2016년에 심상정 정의당 상임대표는 민간 대기업 임직원 최고임금 상한액을 법정 최저임금의 30배(당해 기준 4억 5,000만 원)로 제한하는 내용의 최고임금법 제정안을 발의했다. 스위스에서는 사장의 월급이 노동자의 월급보다 12배 이상 차이 나지 않도록 하자는 법안이 발의된 적이 있다. 물론 이 문제를 다르게 보는 관점도 있다. 주식회사를 개인의 소유물로 보거나 억울하면 사장 하라는 논리를 갖고 있는 사람들이다. 사장이나 건물주가 되기 전에 행복은 불가능한가?

시장과 도덕 사이의 딜레마는 우리가 사는 세상 곳곳에서 드러난다. 핵 폐기장 설치, 혈액 판매 등이 대표적인 사례

★ "1억 5천만원 vs 131만원' 이마트 CEO와 노동자 급여 격차 110배 넘어",《매일노동뉴스》, 2017. 2. 2.

하나 ○ 행복은 얼마면 살 수 있을까?

다. 우리가 이런 문제들을 정확히 분석하고 대안을 제시하기는 어렵다. 그러나 시장과 분배가 정치와 경제뿐 아니라 공동체의 합의와 도덕의 문제라는 사실은 기억해야 한다. 주어진 현실에 순응하며 개인적인 욕망을 충족하기 위해 노력하며 사는 게 나쁜 건 아니지만, 공동체 전체의 문제를 외면한 채 단지 돈을 벌기 위한 노력만으로 행복할 수 있을까? 그것은 경제적으로도 철학적으로도 불가능에 가까운 일이다.

철학적 관점에서 돈은 공동체의 윤리를 배제하고 생각할 수 없다. 도덕은 우리가 세상을 움직이고 싶은 방식을 가리키고, 경제학은 세상이 실제로 작동하는 방식을 가리킨다. 우리는 '세상을 움직이고 싶은 방식'과 '실제로 작동하는 방식' 사이의 거리를 좁히려고 노력해야 한다. 그런데 대다수의 사람들은 철학적 관점이 아니라 경제학의 관점으로 세상을 살아간다. 그러다 보니 정의로운 세상과 점점 멀어지고 돈의 노예로 살아가기 십상이다.

사회가 불평등해질수록 시장의 지배를 받게 되고, 시장의 지배를 받는 세상은 사람들이 점점 불평등하게 살아가는 상황을 초래한다. 개인의 행복과 불행은 경제학과 철학의 문제, 즉 시장과 도덕의 관계에 따라 달라진다. 우리에게 주어진 경제적 조건이 일상생활에서 맞닥뜨리는 판단과 선택에 영향을 미친다. 부유한 사람은 좀 더 도덕적일 수 있고, 가난한 사람에게 나눔은 사치다. 공동체의 윤리도 경제 상황에 따라 다른 모습을 보일 때가 많다.

마이클 샌델은 이 문제를 "불평등이 점차 심화하면서 모든 것이 시장의 지배를 받는 현상은 부유한 사람과 그렇지 못한 사람들의 삶이 점차 분리되고 있다는 의미다. 우리는 서로 다른 장소에서 살고 일하고 쇼핑하며 논다. 우리 아이들은 서로 다른 학교에 다닌다. 우리는 이러한 현상을 가리켜 스카이박스화*되고 있다고 말할 수 있을지 모르겠다. 이는 민주주의에 좋지 않으며 만족스러운 생활 방식도 아니다"라고 지적한다. '스카이박스화' 현상은 철저하게 자본의 논리가 지배하는 현실에 대한 상징이다.

10여 년 전 한 음료 광고의 카피로 사용되기도 한 "나는 노는 물이 달라"라는 말은 현대사회의 전형적인 구별 짓기 현상이다. 명문대, 대기업, 부동산 등을 향한 욕망은 성공을 향한 열망이며, 돈과 권력을 얻을 수 있는 지름길이다. 이 코스는 학문과 지식에 대한 열정이 아니라 '노는 물'을 관리하

★ skyboxification. 스카이박스는 스포츠 경기장에 일반 관람석과 별도로 설치된 고급 관람석을 뜻한다.

며 인맥과 학맥을 통해 사회적 네트워크를 형성하기 위함이다. 이것이 대한민국의 스카이박스화 현상이다. 고졸과 대졸의 임금 격차, 비정규직의 증가, 노인 빈곤, 청년 실업 등 사회문제가 심각해질수록 불평등은 심화되고 스카이박스에서 경기를 관람하고 싶은 욕망은 증가한다. 스카이박스에 진입하려는 개인의 노력과 치열한 경쟁을 부추기는 사회가 아니라 분배와 복지를 통해 공동체 전체를 스카이박스로 만들거나 스카이박스가 없는 사회를 만들 수는 없을까?

사회 안전망이 잘 갖춰진 북유럽 국가들이나 분배 정책을 적극적으로 추진하는 국가의 국민들은 삶에 대한 만족도가 높다. 국가 전체를 스카이박스로 만들거나 스카이박스를 아예 없애려는 노력 때문이다. 신자유주의 이후 양극화가 심각해진 미국을 비롯해 성장 위주의 경제정책을 유지하는 국가들에서는 부익부 빈익빈 현상이 심각하다. 그런 국가에서는 스카이박스의 가격이 점점 높아진다. 정의로운 세상을 꿈꾼다면, 행복한 삶을 원한다면, 상대적인 박탈감을 줄이고 분배의 정의가 실현되는 세상을 먼저 만들어야 한다. 돈과 행복의 문제는 개인의 노력보다 분배와 복지에 대한 사회적 합의가 더 중요하다.

돈은 행복의 필요조건일 뿐,
충분조건은 아니다

돈이 많을수록 행복할까? 전통적인 경제학은 소득 증가가
사람을 행복하게 하는 가장 중요한 요소라고 강조해왔다. 하
지만 소득 증가에 따라 행복 지수가 끝없이 올라가지는 않
는다. 미국의 경제학자 리처드 이스털린은 소득의 크기가 행
복의 크기를 결정한다는 경제학의 신념에 의문을 제기했다.
1946년부터 1970년까지 빈곤한 국가와 부유한 국가, 사회
주의 국가와 자본주의 국가 등 전 세계 30여 개의 지역에서
실시한 정기적인 설문 조사 결과는 표면적으로 우리의 기대
와 크게 다르지 않았다. 즉, 예외 없이 모든 나라, 모든 지역
에서 소득수준이 높을수록 개인이 느끼는 행복 지수도 높았
다. 소득수준이 높아지면서 생계 문제가 해결되고 건강에 대
한 걱정을 덜 수 있으니 그만큼 더 행복할 가능성이 높다.

그러나 이스털린의 설문에는 소득과 행복의 정비례 관
계에 대한 다소 모순적인 결과도 나타났다. 소득이 일정 수
준을 넘어 기본 욕구가 충족되면 소득이 증가해도 행복은 더
이상 증가하지 않는다는 결과다. 이스털린은 당시 논문을 통
해 바누아투, 방글라데시와 같이 상대적으로 가난한 국가에

서 국민의 행복 지수가 높게 나타나고, 미국이나 프랑스 같은 선진국에서는 오히려 행복 지수가 낮다는 연구 결과를 발표했다.

미국의 경우 1940년대부터 1950년대 후반까지 소득이 늘어나면서 행복 지수가 증가했다. 하지만 개인 소득이 급속도로 늘어난 1970년대에는 행복 지수가 오히려 감소했다. 1972년부터 1991년까지의 추가 조사 결과를 보면, 스스로 행복하다고 응답한 사람들의 비율이 1950년대보다 감소했음을 알 수 있다. 이를 '이스털린의 역설'이라고 부른다. 일정한 생활수준이 유지되면 돈은 인간에게 더 이상 만족감, 행복, 자아실현의 기쁨을 주지 못한다는 의미다. 인간은 정말 복잡한 존재다. 돈을 많이 벌수록 행복한 게 아니라니, 그럼 어떻게 해야 한다는 말인가.

사회학자 김찬호는 "돈은 야누스의 얼굴을 가지고 있다. 그것은 모든 가치를 표상하고 뭇 소망을 수렴하는 기호로서, 기쁨의 원천이자 고통의 뿌리로 여겨진다"[*]라고 진단한다. 모든 인간은 좀 더 행복하게 잘살고 싶은 욕망을 갖고 있다. 하지만 그것이 모두 돈으로 해결될 수 있는 것은 아니다.

---

[*] 김찬호, 『돈의 인문학』, 문학과지성사, 2011, 34쪽.

인생에서 돈이 갖는 의미는 사람에 따라 다르다. 그럼에도 많은 사람들이 삶의 가치를 돈으로 수렴하기 때문에 점점 진정한 행복과 멀어진다. 돈이 있으면 행복하고 없으면 불행하다는 이분법적 논리에서 벗어나면 세상이 조금 다르게 보인다. 끝없는 욕망은 자신을 불행하게 만들 뿐이다. 인간은 더 많이 가질수록 행복해지는 것이 아니라, 더 많이 관계 맺고 그 관계 속에서 자유의지를 실현할 때 행복하다.

가난을 원하는 사람은 없다. 부자에게 고급 주택, 멋진 스포츠카, 맛있는 음식, 해외여행 등 더 많은 기회가 주어지기 때문이다. 그러나 현실에서는 궁핍한 부자를 자주 만난다. 마르크스가 말한 대로 '경제적 부'와 '실질적 부'는 다르다. 필요노동 시간 외에 자신을 위한 가처분 시간이 부족한 사람은 실질적으로 가난하고 불행한 사람이다. 자신의 삶을 위해서가 아니라 더 많은 돈을 벌기 위해 돈을 쓰는 사람, 항상 돈이 부족하고 돈 버는 일만 생각하는 사람은 절대적 빈민이 아닐까?

시간과 돈이 있어도 패턴화된 소비와 소모에 몰두하지 않고 자유로운 삶을 창조하는 능력이 있어야 실제 삶이 풍요롭다. 예술적 감수성을 기르고 자연을 즐기고 타인과 더불어 사는 방법을 고민하는 일이 행복의 지름길이다. 자본의 논리가 아닌 자신의 삶을 위해 실질적 부를 늘려보자. '헝그리 정신이 자발적으로 가난을 선택한 이들의 삶의 방식이라면, 궁상은 없는 자뿐 아니라 있는 자들에게서도 쉽게 발견된다'는 말은 돈의 지배를 받는 삶이 아니라 돈을 벌고 쓰는 방법에 대한 인식의 전환을 촉구한다. 궁상스러운 부자보다 헝그리 정신의 행복에 대해 고민할 시간이다.

돈이 얼마나 많아야 행복한지에 대한 질문은 핵심을 벗어나 있다. 연봉이나 통장 잔고보다는 욕망의 크기, 소유하고 싶은 대상이 사람마다 다르기 때문이다. 삶의 목표와 가치는 제각각이더라도, 우리가 살고 있는 대한민국의 정치, 경제, 사회 등 현실의 문제를 외면한 채 홀로 행복해지는 방법은 없다. 적극적인 사회 참여와 함께 살아가는 사람들과의 연대가 행복의 전제 조건이기 때문이다.

돈은 행복한 삶을 위한 필요조건이지만 충분조건이라고 할 수는 없다. 돈이 목적이 아닌 수단으로 활용될 때 세상은 조금씩 달라질 수 있다. 인간의 가치, 타인과의 관계, 자아실현의 과정이 돈보다 소중하다는 사실을 깨달을 때 비로소 우리가 사는 세상은 조금 더 나은 곳이 될 수 있다고 믿는다. 우리 일상은 이렇게 전체와 연결되어 있고 전체는 또 개인이 모인 공동체의 일상과 밀접한 관계를 맺는다.

함께 읽어볼 만한 책

게오르그 짐멜, 『돈의 철학』, 김덕영 옮김, 길, 2013.

고병권, 『화폐, 마법의 사중주』, 그린비, 2005.

김민주, 『시장의 흐름이 보이는 경제 법칙 101』, 위즈덤하우스, 2011.

김영철 외, 『화폐 인문학』, 좋은땅, 2016.

김찬호, 『돈의 인문학』, 문학과지성사, 2011.

마이클 샌델, 『돈으로 살 수 없는 것들』, 안기순 옮김, 와이즈베리, 2012.

─────, 『정의란 무엇인가』, 김명철 옮김, 와이즈베리, 2014.

막스 베버, 『프로테스탄트 윤리와 자본주의 정신』, 김상희 풀어 씀, 풀빛, 2006.

스티븐 레빗·스티븐 더브너, 『괴짜 경제학』, 안진환 옮김, 웅진지식하우스, 2007.

쑹훙빙, 『화폐전쟁 1』, 차혜정 옮김, 랜덤하우스코리아, 2008.

앨빈 토플러·하이디 토플러, 『부의 미래』, 김중웅 옮김, 청림출판, 2006.

이영광, 『나는 지구에 돈 벌러 오지 않았다』, 이불, 2015.

임석민, 『돈과 삶』, 펭귄, 2016.

제프리 잉햄, 『돈의 본성』, 홍기빈 옮김, 삼천리, 2011.

존 암스트롱, 『인생학교 돈』, 정미우 옮김, 쌤앤파커스, 2013.

죄르지 루카치, 『역사와 계급의식』, 조만영·박정호 옮김, 지만지, 2015.

둘 ○

소유하지 않는 삶이 가능할까?

○ 접속의 시대에는 물건을 만들고 재산을 교환하고
축적하는 것이 아니라, 시나리오를 짜고 이야기를
만들고 환상적 체험을 좇는다. 시대적 흐름을 고려
할 때 접속하는 삶은 선택이 아닌 필수다.

갖고 싶은 것과
필요한 것

딸 채영이 초등학교 6학년일 때 일이다. 아이 생일이 다가와 내가 물었다. "필요한 게 있으면 말해봐. 생일 선물로 사줄게." 막 사춘기에 접어든 아이는 말이 없었다. 한참을 기다렸다가 다시 물었다. "뭐든 괜찮으니 필요한 게 있으면 말해봐." 할아버지, 할머니의 맹목적 사랑을 받으며 자란 아이라 정신적, 물질적 결핍을 모른다고 생각했다. 생일이 아니어도 평소에 원하는 걸 다 갖고 산다는 건 나만의 착각이었다. 뜸을 들이던 아이는 시큰둥한 목소리로 한마디 내뱉는다. "필요한 건 없어. 다 사주니까. 갖고 싶은 게 있지."

순간 잠시 할 말을 잃었다. 이게 무슨 소린가? 필요한 건 없는데 갖고 싶은 게 있다니! 곧 내 실수를 깨달았다. 둘은 엄연히 다르다. 그때 내가 뭘 사줬는지는 모르겠지만, '필요한 것'과 '갖고 싶은 것'을 예민하게 구별하던 아이의 대답은 잊을 수가 없다. 우리에겐 필요하지 않아도 갖고 싶은 것들이 많다. 아이가 필요need와 욕망desire의 차이에 대해 철학적 고민을 시작한 건 아니겠지만 오랫동안 곰곰이 생각에 잠기게 하는 대답이었다.

'심플 라이프', '미니멀리즘', '소확행'이 유행하게 된 지 오래다. 가볍게 살고 싶은 욕망이 오히려 마음을 무겁게 한다. 수많은 안내서가 범람하지만 자기 삶의 목표와 지향점을 모른 채 흉내만 내다가는 마음을 다치기 십상이다. 빈손으로 왔다가 빈손으로 가는 인생이지만 우리는 영원히 살 것처럼 욕심을 부린다. 태어날 때부터 신분과 계급이 결정되던 시대와 달리 노력하면 누구나 무엇이든 가질 수 있다는 선언적 평등 앞에서 우리는 때때로 좌절한다.

출발선이 다른 달리기를 생각해보라. 기울어진 운동장에서 축구를 한 게임 하고 나면 어떤 느낌이 들까. 자발적 가난, 미니멀 라이프가 욕심을 덜어내고 가벼운 인생을 살겠다는 트렌디한 생활방식이 아니라 어쩔 수 없는 현실이라면 이야기가 달라진다. '필요한 것'에만 집중하라는 강요로 들릴 수 있기 때문이다. 돈이 없어 갖고 싶은 걸 갖지 못하고 세상에 불만이 생긴 사람에게 욕망의 크기를 줄이라는 말은 헛소리에 불과하다.

그러나 '갖고 싶은 것'의 목록이 늘어날수록 우리의 탐욕은 배로 증가한다. 인간의 욕망은 끝이 없다. 타인과의 비교가 불행의 출발이다. 상대적 박탈감은 자신을 초라하게 만드는 비법이다. 욕심내라. 그러면 지옥이 열릴 것이다!

법정 스님의 『무소유』는 마하트마 간디의 말로 시작한다. "나는 가난한 탁발승이오. 내가 가진 거라고는 물레와 교도소에서 쓰던 밥그릇과 염소젖 한 깡통, 허름한 담요 여섯 장, 수건 그리고 대단치도 않은 평판. 이것뿐이오." 간디가 1931년 9월 런던에서 열린 제2회 영국-인도 원탁회의에 참석하기 위해 마르세유 세관원에게 소지품을 펼쳐 보이면서 한 말이다.

사는 동안 우리에게 필요한 물건은 얼마나 될까? 자본주의 사회에서는 의식주에 필요한 물건뿐 아니라 노동, 시간, 아이디어조차 돈으로 환산된다. 태어나서 죽을 때까지 살아가는 모든 과정에 돈이 든다고 해도 지나친 말이 아니다. 행복과 불행, 기쁨과 슬픔, 사랑과 이별도 돈 때문인 경우가 많다. 돈만 있으면 인간은 거의 모든 욕망을 채울 수 있다. 거꾸로 욕망의 크기를 숫자로 표시할 수도 있다. 이런 현실에서 '무소유'는 산사의 스님들이나 실천할 수 있는 태도가 아닐까. 대부분의 사람들은 더 많이 갖기 위해 열심히 일한다.

법정이나 간디가 말한 무소유는 개인적 차원의 태도다. 무소유는 산스크리트어 '시마티가simatiga'를 번역한 말로 보통 '가진 것이 없는 상태'를 뜻한다. 하지만 불교에서는 단순하게 소유하지 않은 상태가 아니라, 번뇌의 범위를 넘어 모든 것이 존재하지 않는 상태를 말한다. 사람이 살아가면서 무언가 소유하려는 욕망에는 끝이 없다. 가질수록 더 갖고 싶고 갖지 못하면 불행하다. 그래서 법정은 "우리는 필요에 의해서 물건을 갖지만, 때로는 그 물건 때문에 마음을 쓰게 된다. 따라서 무엇인가를 갖는다는 것은 다른 한편 무엇인가에 얽매이는 것. 그러므로 많이 갖고 있다는 것은 그만큼 많이 얽혀 있다는 뜻이다"라고 조언한다. 얽매여 있으면 행복한 삶과 거리가 멀어진다. 돈뿐 아니라 권력과 명예도 마찬가지다. 자유로운 삶이 행복이다. 복잡하고 번거로운 생각의 이면에는 언제나 소유하려는 욕망이 자리 잡고 있다.

우리는 넓은 집과 고급 승용차, 명품 의류와 핸드백, 최신형 휴대전화, 좀 더 맛있는 음식을 탐한다. 욕망은 무한하다.

좀 더 갖고 싶어 하고 더 많이 채우려는 욕망은 본능에 가깝다. 끝없는 소유에 대한 욕망과 집착이 불행의 시작이다. 갖지 못해 생기는 불만, 가진 것을 지키려는 불안, 더 갖고 싶어 하는 욕심은 영원한 숙제다. 인도의 영적 지도자 비노바 바베는 버려야 행복하다고 말한다. 잃어야 얻는다. 일상에서 우리가 부딪치는 불만, 갈등, 분노의 원인을 근본적으로 들여다보지 않으면 해결이 불가능하다. 아이 손에 장난감을 쥐여주면 울음을 그치지만 어른 손엔 무얼 쥐여줘야 환하게 웃는 걸까?

향상된 기능, 산뜻한 디자인을 갖춘 '신상'은 매일 출시된다. 단 한 순간도 쇼핑을 멈출 수 없게 만드는 자본주의 사회에서 우리에게 꼭 필요한 물건은 무엇일까? 무소유를 실천한 간디나 시노페의 디오게네스*처럼 모든 욕심을 버리고 살 수도 없고, 자본주의 시스템에 길들여져 살 수도 없는 노릇이다. 아날로그에서 디지털로의 전환, 4차 산업혁명 시대에는 '소유' 자체가 무의미해질 수도 있다. 일단 숨을 깊이 들이마시고 내게 꼭 필요한 것과 갖고 싶은 것들의 목록을 차분하게 적어보자.

★ 고대 그리스의 키니코스학파 철학자. 가난하지만 부끄러움이 없는 자족 생활을 실천했다. 일광욕을 하고 있을 때 알렉산드로스 대왕이 찾아와 소원을 묻자, 아무것도 필요 없으니 햇빛을 가리지 말고 비켜달라고 했다는 일화로 유명하다.

둘 ○ 소유하지 않는 삶이 가능할까?

대량생산과 대량소비가 미덕인 현대사회는
지속 가능할까

사람은 누구나 조금 더 편리하고 안전한 삶을 원한다. 그러다 보니 점점 더 많은 '생필품'이 만들어졌다. 사과를 한 번에 조각 내는 커터부터 빨래 건조기에 이르기까지 사람들은 편리함과 게으름을 위한 물건을 끊임없이 발명한다. 필요가 발명을 낳는 게 아니라 자본주의가 필요를 창조한다. 문화와 전통에 따라 의식주, 일상생활에 필요한 품목이 다를 수도 있다. 그러나 문명의 발달과 더불어 인간은 점점 더 많은 인공물을 만들어왔다. 과학기술의 발전이 언제까지 자연을 정복하고 지배하며 인간의 삶을 안전하고 편리하게 만들어줄 수 있을까. 대량생산과 대량소비가 미덕인 현대사회는 지속 가능할까.

자원 고갈, 환경오염, 빈부 격차 등 우리가 해결해야 할 문제가 산더미처럼 쌓여 있다. 내가 해결할 수 있는 문제가 아니라서 외면하면 인류의 문명은 언젠가 무너질지도 모른다. 경제학자는 물론 정치인, 사회학자, 환경운동가는 각각 성장과 분배, 나눔과 배려, 환경과 복지에 이르기까지 우리의 현실과 미래를 바라보는 서로 다른 관점을 가지고 있다. 모두가 더 나은 세상을 만들겠다고 목소리를 높이지만 분명한 대안이나 방향을 제시하지는 못한다. 문제가 생겨도 일시적 대증요법에 치중하는 경우가 많다.

문제 해결을 위한 노력은 계속된다. 경제 평론가 아나톨 칼레츠키는 따뜻한 자본주의를 주장한다.★ '시장은 언제나 옳다'는 구호를 내세웠던 신자유주의는 2008년 금융위기를 정점으로 그간의 문제점을 드러내며 자본주의 3.0 시대가 막을 내렸음을 알렸다. 칼레츠키는 정부가 시장과 유기적인 상호작용을 이루어야 하며, 고삐 풀린 시장경제에 적절히 개입해야 한다고 조언한다.

하버드 대학교의 로런스 레시그Lawrence Lessig 교수는 '공유경제'라는 개념을 제시했다. 공유경제란 물품을 소유하는 대신 빌려 쓰는 개념의 경제활동을 의미한다. 한번 생산된 제품을 많은 사람이 공유하는 협력적 소비 방식이다. 열심히 돈을 모아 차를 사고 세차하느라 주말 한나절을 보내는 대신, 필요할 때마다 여러 사람과 차를 공유하는 '카 셰어링'★★이나 여행자들과 거주 공간을 공유하는 '에어비앤비'★★★ 등은

★ 아나톨 칼레츠키, 『자본주의 4.0』, 위선주 옮김, 컬처앤스토리, 2011.

★★ 차량을 예약하고 자신의 위치와 가까운 주차장에서 차를 빌린 후 반납하는 제도. 이는 주택가 등지에서 시간 단위로 대여가 가능하다는 점에서 렌터카 사업과 차이가 있다.

★★★ www.airbnb.co.kr. 2008년 8월 시작된 세계 최대의 숙박 공유 서비스.

대표적인 공유경제의 실제 사례다.

자동차를 소유하고 거주 공간을 마련하는 데 드는 비용과 시간은 한 사람이 일생 동안 노력해도 감당하기 힘든 수준이다. 주차 공간, 거주 비용, 출퇴근 시간 등 삶의 만족도까지 감안하면 앞으로 카 셰어링뿐 아니라 카풀, 1인 가구와 노인들의 주거 공동체 등 공유경제에 대한 관심과 필요성은 더욱 증가할 것으로 보인다. '소유'에서 '공유'로 패러다임의 전환이 시작된 지 오래다.

제러미 리프킨은 이와 같은 자본주의에 대한 새로운 도전을 '소유의 종말'이라고 표현했다. 네트워크 시대로 접어든 21세기를 살아가는 방법 가운데 하나는 소유가 아니라 접속이다. 이것은 선택의 문제가 아니다. 사람들은 다양한 접속 방식에 대한 실험을 계속하고 있다. "인쇄기가 지난 수백 년 동안 인간의 의식을 바꾸어놓았던 것처럼 컴퓨터는 앞으로 두 세기 동안 인간의 의식에 커다란 영향을 미칠 것이다"라는 제러미 리프킨의 예언은 지금 우리에게 현실이 되었다.

이제 4차 산업혁명 시대를 준비해야 한다는 목소리가 높다. 정보통신 기술의 급속한 발전은 인공지능과 네트워크의 결합으로 혁신적인 변화를 예고한다. 미래는 준비하고 기다리는 사람에게 기회를 주는 것이 아니라 이미 우리 곁에 와 있다. 고개를 돌려 미래의 얼굴을 확인하고 선택하는 사람과 그렇지 않은 사람이 있을 뿐이다.

인공지능이 탑재된 자동차의 자율주행 시스템은 음주운전, 졸음운전, 보복 운전 등 위험천만한 인간의 운전과 달리 무결점 운행을 준비 중이다. 인간에게 운전 자체를 금지하는 법안이 통과될 날이 멀지 않았다. 지금 유치원에 다니는 아이들은 운전면허증을 이해 못 할 수도 있다. 운전의 즐거움과 재미를 누릴 수 없다면 누가 수천만 원을 지불하고 자동차를 소유하겠는가. 소유가 아닌 접속은 선택의 문제가 아니라 자연스러운 생활 방식으로 자리 잡아가고 있다. 판매자와 구매자의 관계가 아니라 공급자와 사용자의 관계로 전환되는 세상에서, 우리는 소유와 접속에 대해 신중하게 다시 한 번 고민해야 한다.

새로운 자본주의에서는 물질의 차원보다는 시간의 차원이 훨씬 중요하다. 장소와 물건을 상품화하고 그것을 시장에서 거래하는 것이 아니라 이제 우리는 서로의 시간과 식견에 접속할 수 있는 권리를 확보하고 필요한 것을 빌린다. 그것은 우리가 한시적으로 구입하는 활동이나 사건이 된다. 자본주의는 물질에서 출발

둘 ○ 소유하지 않는 삶이 가능할까?

했지만 물질성을 벗어던지고 점점 시간 속에서 일어나
는 개별적 사건으로 나아가고 있다.[★]

채영은 침대에 누워 인공지능 스피커와 대화를 나눈다.
내일 날씨를 묻고 노래를 검색해 들으며 친구에게 입으로 메
시지를 보낸다. 사물 인터넷, 접는 스마트폰, 입는 컴퓨터는
곧 우리의 일상이 될 예정이다. 경험 그 자체, 접속 가능성이
소유의 개념을 대체하고 있다. 무엇을 가졌느냐가 아니라 어
떤 경험을 했고 어디에 접속하느냐가 한 사람의 정체성을 말
해줄 날도 멀지 않았다.

'나이키'는 세계적인 기업이지만 사실 이 회사는 공장도,
기계도 갖고 있지 않다. 동남아시아 여러 나라의 협력 업체
에서 제품을 만들어 공급한다. 심지어 나이키는 광고와 마케
팅까지 아웃소싱한다. 유통망 관리와 디자인 연구에만 전념
하면서 오히려 나이키의 매출은 엄청나게 늘었다. 이렇게 기
업들은 각종 설비를 소유하는 대신 접속을 통해 전혀 다른
방식의 경영을 시작한 지 오래됐다.

개인의 삶도 마찬가지가 아닐까? 토지와 주택은 소유 개

★ 제러미 리프킨, 『소유의 종말』, 이희재 옮김, 민음사, 2001.

념이 아니라 임대 개념으로 바뀌고, 기본적인 생필품을 제외하면 무언가를 소유하기 위해 돈을 벌고 일하는 시대는 멀어질 것이다. 국가의 정책, 사회적 합의, 개인의 의식이 함께 변화해야 가능한 일이지만 한정된 자원, 환경오염, 과학기술의 발달로 우리의 미래는 급격한 변화를 맞고 있다. 소유가 미덕인 시대를 지나 이제는 접속의 시대로 전환되고 있다.

그런데도 왜 우리는 조물주 위에 있다고 하는 '건물주'를 꿈꾸는 걸까? 우리는 초등학생의 꿈이 임대업자인 나라, 중고생의 장래 희망이 공무원인 나라에 살고 있다. 불로소득에 대한 사회적 시선, 보유세 강화에 대한 불만, 공공성과 복지 문제에 대한 접근 방식이 개선되지 않는다면 청년 실업과 비정규직, 노인 빈곤 문제도 해결되지 않는다. 더 많이 소유하려는 본능은 불안한 미래와 안전망이 제대로 갖춰지지 않은 사회 때문이다. 부의 대물림과 불법 상속이 계속되면 계층 이동의 사다리가 사라지고, 접속이 아니라 광적인 소유에 집착하는 세상이 지속될 것이다.

접속의 시대에는 소유의 시대와 다른 문제가 발생할 수도 있다. 삶이 홀가분해진다는 것은 소유에 수반되는 집착으로부터 어느 정도 자유로워진다는 뜻이다. 하지만 소유가 접속으로 바뀌면 소유에 수반되는 개인적 책임도 사라지지 않을까? 소유의 시대를 다른 시대와 구별 짓는 핵심 요소인 '소유의 자부심'이 사라진다면 개인적 자부심, 책임감, 의무감, 자기 충족감은 어떻게 될까? 속단할 수는 없지만 개인적 상호 관계의 칼자루를 쥔 기업들의 막강한 네트워크에 더욱더 의존하게 될지도 모른다.

접속이 마냥 장밋빛 미래를 제시하지는 못한다. 자본주의 시스템은 개인의 삶이 어떤 형태로 바뀌든지 가만히 내버려두지는 않을 것이기 때문이다. 접속의 시대에는 그 나름대로 수많은 부작용과 문제점이 나타날 것이다. 하지만 우리는 현재의 소유 만능 시대, 집착의 시대를 극복하는 일부터 시작해야 하는 게 아닌가. 각자도생의 삶의 태도는 승자 독식 시대의 그늘이 아닌가.

세상에 접속하는
몇 가지 방법

루소는 사람을 부자로 만드는 방법이 두 가지라고 생각했다. 원하는 만큼 돈을 주거나 욕망을 억제하거나. 누구나 부자가 되고 싶어 하지만 부자의 기준은 상대적이다. 따라서 무언가 원하는 게 있는데 그것을 손에 넣지 못하면 돈이 아무리 많아도 가난하다. 오히려 가진 것에 만족할 때 실제 소유한 것이 적어도 부자라고 할 수 있다. 예나 지금이나 부자가 되는 가장 좋은 방법은 욕심을 덜어내는 일이다. 생각을 바꾸고 삶의 목표와 태도를 점검해보자. 더 많이 가질수록 행복하다는 생각을 바꿀 때 소유가 아닌 접속의 삶이 시작된다. 정신 승리로 자신을 합리화하라는 게 아니다. 자기 욕망을 점검하는 데서 새로운 삶이 시작될 수도 있다.

근대적 자본주의는 18세기 후반 영국에서 시작된 산업혁명을 통해 확립됐다. 역사학자 아널드 토인비는 이 시기를 물리적 자원을 소유권이 부여된 상품으로 전환하는 데 역점을 둔 '산업 시대'라고 명명했다. 그런데 20세기 초부터 새로운 형태의 자본주의가 등장했다. 그것은 유료로 제공되는 개인적 경험과 문화적 자원이 오락으로 전환되는 '문화 산업'이다. 이 용어는 1930년대에 독일의 사회학자 테오도어 아도르노와 막스 호르크하이머가 처음 사용하기 시작했다. 산업시대에서 문화 자본주의 시대로의 전환은 인간이 살아가는 데 반드시 필요한 의식주를 제외한 대부분의 영역에서 소유 대신 접속으로 전환되었다는 의미다. 특히 통신 기술과 문화 상업주의가 대표적인 사례다. 스마트폰 요금, 인터넷 사용료, 온라인 강좌, 영상 스트리밍 서비스뿐 아니라 영화, 공연, 전시회도 소유가 아닌 접속에 대한 비용을 지불한다. 주말 문화 체험 프로그램과 다양한 여행을 포함하면 소유가 아닌 접속의 비용은 더욱 증가한다. 의식주를 제외한 거의 모든 활동이 접속으로 진화하고 있는 셈이다.

사유재산과 소유권이 경제행위의 중심이었던 근대와 달리 탈근대는 소유가 아닌 접속의 시대를 열었다. 21세기는 손으로 만질 수 있는 물건, 집에 가져갈 수 있는 상품이 아니라 한정된 시간과 문화적 체험을 파는 시대다. 청첩장은 모바일 메신저로 전송되고 사이버 추모관에서 죽음을 애도한다. 토지와 자원에 노동력을 투입해서 제품을 생산하는 대신 일시적인 서비스, 잠시 동안의 접속, 실제 체험 자체를 사고파는 세상이 오히려 반갑지 않은가! 서점에 가 책을 고르고 좋아하는 작가의 소설을 기다리던 시간은 추억으로 남을 수도 있다. 웹툰과 라이트노벨이 온라인으로 소비되며, 아이돌에 대한 팬덤은 새로운 라이프 스타일과 문화 현상으로 자리 잡고 있다.

영화 〈죽은 시인의 사회〉에서 키팅 선생은 대학 입시와 좋은 직장 대신 현재 학창시절의 낭만과 즐거움을 포기하지 말라고 충고한다. 그러면서 '카르페 디엠carpe diem', 즉 지금 살고 있는 현재에 충실하라고 외친다. 전통과 규율보다 도전과 자유정신을 상징하는 말을 자본주의에 적용하면 '경험하라, 접속하라, 그리고 느껴라' 정도가 될까? 이제는 이런 구호조차 낡아 보인다. 그러나 여전히 한쪽에는 소유에 집착하는 사람과 자본축적에 골몰하는 사람도 있다. 시대의 변화를 읽지 못한 게 아니라 삶의 가치가 여전히 과거에 머물러 있는 사람들이 아닐까?

네트워크 시대에 접어든 우리는 24시간 세상과 접속하고 있다. 종이책을 소유하는 대신 전자책에 접속하고, 가수의 음반을 구입하는 대신 스트리밍 서비스로 순간순간 노래를 즐긴다. 비디오, DVD 대여점은 소유의 시대에서 접속의 시대로 넘어가는 과도기적 형태였다고 볼 수 있다. 이제는 실시간으로 극장에서 상영 중인 영화에도 접속할 수 있다. 눈부신 변화의 속도를 감안하면 10년쯤 후엔 지금 우리가 가지고 있는 어떤 물건이 흔적도 없이 사라질지 궁금하다.

'등짐은 가벼울수록 좋다'는 옛말이 있다. 욕심을 버리고 살라는 의미지만 이삿짐이 적을수록 접속의 시대에 잘 적응하고 있다는 의미로 해석할 수도 있겠다. 미래학자 제임스 오길비에 따르면 이제 소비자들은 '내가 아직 가지고 있지 않은 것 중에서 가지고 싶은 것이 뭔가'라고 묻지 않고 '내가 아직 체험하지 못한 것 중에서 체험하고 싶은 것이 뭔가'라고 말한다. 이렇게 묻는 사람이 바로 탈근대형 인간이다. 21세기의 주역은 가상 세계 안에서 인생을 즐기고, 온라인과 오프라인 세계를 자유롭게 넘나들며, 새로운 현실에 자신의 인격을 재빨리 적응시킬 수 있는 사람이 아닐까.

근대의 핵심이 근면이라면 탈근대의 핵심은 유희다. 노동을 중심으로 구축된 체제에서 생산은 운영의 지표가 되고 재산은 인간 노동의 결실을 의미한다. 그에 비해 유희를 중심으로 돌아가는 세계에서는 문화적 접속이 인간 활동의 목표다. 접속의 시대에는 물건을 만들고 재산을 교환하고 축적하는 것이 아니라, 시나리오를 짜고 이야기를 만들고 환상적 체험을 좇는다. 시대적 흐름을 고려할 때 접속하는 삶은 선택이 아닌 필수다.

자유의 개념 또한 자치와 소유가 아니라 네트워크 세계에서 배제되지 않을 권리로 바뀌고 있다. 미래 사회는 단절과 고립이 아닌 접속의 권리가 개인적 자유를 재는 잣대가 될지도 모른다. 우리는 이미 탈근대 시대를 살고 있다. 탈근대는 답답한 질서보다는 창조적 무질서에 너그럽다. 오늘날 현실적으로 통용되는 유일한 질서는 바로 자발성이다. 미래는 자발적으로 창조적 무질서를 시도하는 시대가 될 것이다. 미래형 인간은 소유와 축적 대신 접속하고 유희하는 인간이다.

접속을
넘어서기

소유하지 않는 삶이 개인의 책임과 의무조차 소홀히 하는 태도는 아니다. 접속의 시대라고 해서 그저 가볍고 무질서하게 살 수는 없다. 타인을 배려하고 사회적 공감력을 키우는 일은 미래 사회를 위한 우리의 의무다.

전체주의의 반대는 개인주의가 아니라 가족주의다. 개인이 소유한 것은 자기 마음대로 해도 괜찮다. 소유권은 지극히 개인적이고 종속적인 권리이기 때문이다. 하지만 접속은 잠시 빌려 쓰고 함께 사용한다는 의미이므로, 여기에는 타인에 대한 배려, 책임과 의무가 발생한다. 내 아이, 내 부모도 중요하지만, 이웃의 아이와 부모가 없는 고립된 세상은 상상하기 어렵다. 내 가족만큼 그들의 가족도 중요하다. 어느 가게에서 소비자로 물건을 구입하거나 다양한 서비스를 받는 사람이 다른 곳에서는 아르바이트를 하며 손님을 응

대하기도 한다. 우리는 보이지 않게 수많은 사람들의 도움과 지원을 받으며 다양한 재화와 용역을 공유한다. 소비자이면서 생산자이고, 운전자이면서 보행자이고, 자식이면서 부모가 될 수도 있다. 함께 사는 지혜, 접속의 시대 너머에는 어떤 상상력이 필요할까?

막대한 부의 편법 상속, 보편적 복지와 교육, 의료 등 공공서비스의 사각지대, 초저출산, 청년 실업, 비정규직, 노인 빈곤 등 다양한 사회문제에 대해 전 지구적 차원에서 접근하는 넓은 시야가 필요하다. 내가 먹고살기도 바쁜데 무슨 소리냐고 말하지 말자. 배려와 나눔은 이타적 삶의 태도가 아니라 궁극적으로 이기적 유전자의 활동이다.

소유에는 책임이 따르지만 접속은 일시적이고 무책임한 태도라고 생각하기 쉽다. 그러나 접속이야말로 타인에 대한 배려와 이해가 필요한 삶의 방식이다. 동시다발적으로 이루어지는 공론장에서 토론을 하거나 여러 사람이 함께 모여 공연을 보거나 문화유적을 둘러보고 여행을 다닐 때 우리는 더 큰 질서 의식과 책임감을 갖게 된다. 진정한 접속은 소유보다 더 지속 가능한 기쁨이며 행복일 수 있다.

접속의 시대에도 여전히 현실의 모든 문화는 지리적 공간에 뿌리를 두고 있으며, 친밀감은 지리적 공간에서 움튼다. 친밀감이 없으면 사회적 신뢰망을 구축하기도 어렵고 진정한 공감대를 형성하기도 어렵다. 가상공간에 쏟아붓는 만큼의 관심을 지리적 공간에도 보여야 하고, 채팅방에 들이는 만큼의 정성을 현실 공동체에도 기울여야 한다. 접속의 시대를 살아가는 우리는 타인과 맺는 관계를 어떤 방향으로 재설정할지 고민해야 한다. 접속은 참여의 '수준'뿐 아니라 참여의 '유형'까지 결정하는 문제이기 때문이다. 그 참여는 주체적인 삶을 위한 기본적인 태도이며 생활과 정치, 경제, 사회, 문화가 분리되지 않는다는 사실에 토대를 두어야 한다.

우리에게 주어진 과제는 물질적 소유에 집착하지 않고 공유와 접속을 통해 관계망을 형성하는 데 더 적극적으로 참여하는 일이다. 한 푼 두 푼 돈을 모아 사고 싶은 물건을 사고 아파트 평수를 늘리며 고급 승용차를 타기 위해 일하던 시대가 추억으로 남을 수도 있다는 생각은 어리석을까. 눈앞에 닥친 4차 산업혁명 시대에는 상상을 뛰어넘는 일들이 기다리고 있을지 모른다. 우리가 가야 할 길은 멀고도 험하다. 현실은 언제나 녹록지 않지만 무슨 일을 하며 어떻게 살아야 할 것인지에 대한 고민은 이런 상상력에서 출발하는 것이 좋다.

소유의 종말과 접속의 시대라는 거대한 물결은 개인의

선택이 아닌 시대적 과제다. 하늘에 구름이 끼고 비가 내린다고 해서 별이 사라지지는 않는다. 눈부신 봄날 태양 아래서 벚꽃을 즐길 때도 하늘의 별은 그 자리에 있다. 다만 우리가 그 별에 관심을 두지 않아 보이지 않을 뿐이다.

함께 읽어볼 만한 책

니콜라스 카, 『생각하지 않는 사람들』, 최지향 옮김, 청림출판, 2015.

리오 휴버먼, 『자본주의 역사 바로알기』, 장상환 옮김, 책벌레, 2000.

마크 뷰캐넌, 『사회적 원자』, 김희봉 옮김, 사이언스북스, 2010.

설혜심, 『소비의 역사』, 휴머니스트, 2017.

소스타인 베블런, 『유한계급론』, 김성균 옮김, 우물이있는집, 2012.

앨버트 라슬로 바라바시, 『링크』, 강병남·김기훈 옮김, 동아시아, 2002.

에리히 프롬, 『소유냐 존재냐』, 차경아 옮김, 까치, 1996.

여성환경연대 기획, 『덜 소비하고 더 존재하라』, 시금치, 2016.

장 보드리야르, 『소비의 사회』, 이상률 옮김, 문예출판사, 1992.

장하준, 『장하준의 경제학 강의』, 김희정 옮김, 부키, 2014.

제러미 리프킨, 『소유의 종말』, 이희재 옮김, 민음사, 2001.

조슈아 필즈 밀번·라이언 니커디머스, 『미니멀리스트』, 신소영 옮김, 이상미디
어, 2015.

지그문트 바우만, 『지그문트 바우만, 소비사회와 교육을 말하다』, 나현영 옮김,
현암사, 2016.

프리드리히 엥겔스, 『가족, 사적 소유, 국가의 기원』, 김경미 옮김, 책세상, 2018.

헨리 데이비드 소로, 『월든』, 강승영 옮김, 은행나무, 2011.

평생 일하지 않고 놀 수 있다면

○ 인간은 필요한 것need뿐 아니라 원하는 것want을 갖기 위해 일을 한다. 그러나 일만큼 중요한 놀이, 여가, 휴식에 대해서는 깊이 고민하지 않는다. 산업사회 이후 인류는 일에서 보람을 찾도록 노동의 신성함을 강요당한 게 아닐까?

놀기 위해 일하고,
일하기 위해 놀아야 하는 현실

어느 일요일 오후, 늦잠을 자고 일어나 아침 겸 점심을 먹고 다시 누워 빈둥거린다. 금세 서쪽 하늘이 빨갛다. 내일은 월요일이다. 일요일 저녁부터 한숨만 나온다. 누구나 한 번쯤 경험했을 일요일의 풍경이다. 다람쥐 쳇바퀴 돌듯 현대인의 일상은 무한 반복이다. 학생, 직장인, 자영업자 모두 비슷하다. 끝없는 경쟁과 피곤한 일상에서 느림, 여유, 한가로움, 게으름이라는 단어를 떠올리기는 쉽지 않다. 우리는 한 해 일본보다 두 달, 독일보다 넉 달 정도 더 일한다. 저녁이 있는 삶은 우리와 먼 현실이다. 대한민국은 OECD 회원국 중 연

평균 근로시간 1등을 놓친 적이 없다. 우리는 다른 나라에 비해 늦게까지 일하고 열심히 공부한다.

불안은 영혼을 잠식한다. 사람들은 졸업하고 취업을 해도 여전히 어학 공부를 하고 경제경영 서적을 뒤적인다. '스펙'을 쌓는 대학생, 자기계발에 몰두하는 직장인, 재테크와 노후 준비로 바쁜 중년 등 누구도 한가할 틈이 없다. 경쟁이 치열하고 미래가 불안할수록 쉴 시간도 없다. 장밋빛 미래가 보장된 사람은 누구일까. 확실하고 안전한 내일은 가능한 일일까. 평생 놀고먹을 수 있는 돈만 있다면 행복한 인생은 얼마든지 살 수 있는 게 아닌가. 우리는 행복은 돈으로 살 수 없다고 생각하면서도 생각의 끝자락엔 '로또 외에 방법 없다!'라는 농담을 다시 떠올린다. 열심히 살아야 하는 이유가 결국 걱정 없이 놀고 싶기 때문이지만, 그러기 위해선 한 순간도 쉴 수 없다는 순환 논리에 빠져 허우적거린다. 우리는 왜 매일매일 시간에 쫓기며 일상에 치여 사는 걸까? 무엇을 위해 살아야 할까?

한국인에게 근면과 성실은 미덕이다. 일에서 보람을 찾고 성취감을 느끼는 걸 당연하게 여긴다. '성공'한 인생은 부와 명예와 권력으로 가늠된다. 입신양명立身揚名, 출장입상出將入相의 전통적 가치관이 여전히 지배적이다. 실패와 좌절이 더 큰 도약을 위한 발판이라고 말해주는 사람도 없고 새로운 일에 도전할 만한 사회적 시스템도 갖춰져 있지 않다. 공무원이 최고의 직장이며, 각종 시험과 자격증에 목을 맨다. 아무것도 하지 않으면 불안하다. 무언가 자기계발을 하지 않으면 뒤처지는 느낌이다. 맘 편하게 놀아본 적도 없고 놀 줄도 모른다. 우리는 그렇게 하루하루를 힘겹게 버틴다.

자신의 하루를 돌아보자. 일주일, 1년, 10년……. 과거는 좀 달랐을까. 미래는 어떨까. 일과 놀이에 투자하는 시간과 비율은 크게 변하지 않을 것 같다. 그러면 다른 나라 사람들도 우리와 비슷하게 살까. 과거 조상들은 어떻게 살았을까. 도대체 일하기 위해 태어난 것인가, 놀기 위해 일하는 것인가.

본격적으로 인공지능 시대에 접어들면 일하는 시간이 줄고, 로봇과 인공지능에게 많은 일을 맡길 수도 있다. 인간의 노동이 필요 없는 세상은 상상만으로도 즐겁다. 하지만 모든 사람이 행복할지는 알 수 없다. 일자리 문제와 직결되기 때문이다. 산업혁명이 한창이던 19세기 초반 영국에서 러다이트 운동이 벌어졌다. 가내 수공업에서 공장제 기계공업으로 전환되자 대량생산이 가능해진 대신 사람들이 일자리를 잃었기 때문이다. 잃어버린 일자리를 되찾기 위해 기계를 파괴하자는 운동이 벌어진 것이다.

셋 ○ 평생 일하지 않고 놀 수 있다면

역사는 반복된다. 우리에게도 비슷한 일이 벌어지지 않을까. 제리 캐플런은 생산성이 유지되거나 증가한다면 인간의 노동시간은 줄어들고 여가 시간은 늘어난다고 주장한다.★ 덜 일하고 더 많이 놀 수 있는 과학기술의 발전을 누가 반대할 것인가. 단위 생산성의 제고가 대량해고와 실업 문제를 발생시키는 게 아니다. 분배와 나눔이라는 발상의 전환이 미래 사회를 위해 필요한 준비라는 충고는 새겨들을 만하다.

많은 사람들이 여전히 취업 전쟁을 치르고 있으며 미래의 직업과 진로를 고민한다. 우리는 왜 일을 하는 걸까. 로먼 크르즈나릭★★은 우리가 일하는 이유를 다섯 가지로 설명했다. 돈을 버는 것, 사회적 지위를 획득하는 것, 더 나은 세상을 만드는 데 기여하는 것, 열정을 따르는 것, 재능을 활용하는 것. 일과 놀이의 차이는 인간의 욕구가 개입되는지 여부로 판단한다. 일반적으로 일은 저절로 충족되지 않는 욕구를 충족시키기 위한 활동이다. 일은 세계를 목적이 아닌 수단으로 이해한다. 인간은 필요한 것need뿐 아니라 원하는 것want을 갖기 위해 일을 한다. 그러나 일만큼 중요한 놀이, 여가, 휴식에

★ 제리 캐플런, 『인간은 필요 없다』, 신동숙 옮김, 한스미디어, 2016.
★★ 로먼 크르즈나릭, 『인생학교 일』, 정지현 옮김, 쌤앤파커스, 2013.

대해서는 깊이 고민하지 않는다. 산업사회 이후 인류는 일에서 보람을 찾도록 노동의 신성함을 강요당한 게 아닐까?

어린 시절에 읽은 『이솝 우화』의 「개미와 베짱이」는 우리에게 근면과 성실의 가치를 주입했다. 땀을 뻘뻘 흘리며 열심히 일하는 개미와 기타 치고 노래하며 여름 한철을 즐기는 베짱이의 대비가 인상적이었다. 「개미와 베짱이」의 현대판은 다양하다. 개미처럼 쉬지 않고 일하며 살다가 겨울 동안만 따뜻하게 보내느니, 차라리 다른 계절을 충분히 즐기며 사는 사람도 있기 때문이다. 여행 가려고 저축을 하고 휴가를 기다리며 일하는 우리의 일상을 돌아보자.

왜 우리에게 놀 시간이 부족한가. 경쟁 사회에서 살아남기 위해, 남보다 잘살기 위해, 더 나은 미래를 위해, 자기계발을 위해 시간을 쪼갠다. 눈 내린 공원에 첫 발자국을 내고, 친구의 서러운 사랑 이야기를 들어주며, 밤새 재밌는 소설에 푹 빠질 시간을 내기는 어렵다. 주말도, 여행도, 휴가도 돈이 없으면 즐기지 못한다. 놀기 위해 돈이 필요하고, 돈을 벌기 위해 일하고, 일하기 위해 즐겨야 하는 순환 고리는 자본주의 사회에 길들여진 방식이 아닐까.

자본주의에서 시간은 돈이다. 그런데 인류가 늘 그렇게 살아온 것은 아니다. 산업혁명 이전까지는 계급과 계층이 뚜렷했으나 각자 제 나름대로 여가를 즐겼다. 산업혁명 이후, 본격적인 자본주의 사회에 들어서면서 노동과 시간은 돈으로 환산되었다. 쉬지 않고 공장을 돌려 더 많은 이익을 얻기 위해 임금이 싼 여성과 아이들까지 고용했다. 영국에서 공장법*이 제정되기 전에는 열 살도 안 된 아이들이 하루 10시간 넘게 공장에서 일했다. 여전히 생존을 위한 노동은 누구에게나 힘겹다.

하루 중 가장 즐거운 시간은 언제일까? 헝가리의 심리학자 미하이 칙센트미하이는 시간이 어떻게 지났는지 모를 정도로 '몰입'한 시간이 행복한 인생, 성공한 삶을 결정한다고 한다. 몰입의 즐거움을 느끼는 시간은 일인가 놀이인가? 일자체를 즐기는 사람도 있다. 일이 즐겁고 일을 통해 성취감을 느끼는 사람들이다. 이들은 거꾸로 항변한다. 즐겁게 일하며 보람을 찾고 자아실현을 하는 데 무슨 문제가 있느냐고. 이런 사람들은 일을 통해 '절정 경험'을 한다. 미국의 심리학자 에이브러햄 H. 매슬로가 주장한 '자아실현' 단계에서

★ 1802년 최초로 영국에서 제정된 일련의 법안들로, 여성과 아동의 노동시간을 규제하는 것을 내용으로 한다. 1819년 10세 미만의 아동 고용을 금지했고, 1844년과 1847년 개정을 통해 18세 이하 근로자의 노동시간을 하루 최고 10시간으로 제한했다.

경험하는 가장 중요한 특징이 절정 경험이다.

하지만 모든 사람이 워커홀릭은 아니다. 대부분의 사람들은 일이 끝난 후에 친구와 연인, 가족과 함께 어울리며 행복을 느낀다. 일할 때가 아니라 놀 때 더 많이 웃고 즐거워한다. 생존을 위한 노동은 가치 있는 활동이지만, 인간의 놀이 본능과 균형을 이루지 못하면 삶의 재미도 의미도 찾을 수 없다. 인간은 본능적으로 그렇게 태어났다. 일하기보다는 놀고 싶은 본능!

놀이는 무엇이며
왜 우리에게 놀이가 필요한가

"사랑? 웃기지 마. 이제 돈으로 사겠어. 돈으로 사면 될 거 아냐. 얼마면 될까. 얼마면 되겠냐?" 이제 추억이 돼버린 드라마 〈가을 동화〉에서 태석(원빈)이 내뱉은 말이다. 소설과 드라마, 영화에서는 끊임없이 사랑에 속고 돈에 우는 통속적인 이야기가 반복된다. 사랑도 돈이 좌우하는 세상에서는 돈만 있으면 모든 행복을 손에 거머쥘 수 있을 듯하다. 데이트 비용이 없으면 연애도 힘들고, 함께 살 곳을 마련하지 못하

면 결혼도 어렵다. 돈이 사랑의 충분조건은 아니지만 필요조
건임엔 틀림없는 현실이다. 반대로 일에 지쳐 연애할 시간이
없거나 사람을 만날 기회를 만들기 어려운 경우도 많다. 놀
기 위해 일하지만 결국 일하기 위해 잠시 쉬어야 하는 생활
이 반복될 수도 있다.

　이런 생활에서 벗어나 만약 일하지 않고 살 수 있다면 당
신은 무얼 하며 살고 싶은가? 미국의 경제학자 소스타인 베
블런은 일할 필요가 없는 사람들은 자신의 시간과 노력 그리
고 재화를 과시적으로 소비한다고 말한다.★ 이들이 바로 인
류 역사에서 '정치, 전쟁, 종교, 스포츠'를 주도적으로 이끌어
적극적으로 참여해온 유한계급이다. 일할 필요가 없는 사람
들의 과시적 활동 분야가 지금은 큰돈을 벌 수 있는 기회를
제공한다. 아이러니한 현실이다.

　모든 사람이 평등해졌다고 착각하기 쉬운 현대사회는
어떤가. 21세기에도 상황은 크게 달라지지 않았다. 분야와
방법이 달라졌을지 모르지만 '자본'의 축적으로 유한계급의
반열에 오른 사람들은 과거에 왕과 귀족들이 누린 특권을 누
리며 산다. 달라진 것이 있다면 전통적인 가문, 계급, 직업은

★ 소스타인 베블런, 『유한계급론』, 김성균 옮김, 우물이있는집, 2012.

'자본'의 종속변수가 되었다는 사실이다. 과거에 가문과 사회적 계급이 한 사람의 인생을 결정했다면, 지금은 경제적 토대가 가문과 계급을 창출한다. '금수저'와 '흙수저'는 현대판 계급사회를 나타내는 상징이 아니라 계층 이동이 불가능한 사회에 대한 냉소다.

중세 시대는 지주, 현대사회는 건물주! 지주와 건물주는 일하지 않고 불로소득으로 먹고살 수 있다는 공통점이 있다. 달리 표현하면 마음먹은 대로 원하든 대로 언제든 놀 수 있다. 그렇다면 일하는 즐거움, 노동의 신성함, 직업을 통한 자아실현은 일해야 먹고살 수 있는 사람들이 만들어낸 신화일까, 아니면 생산성과 효율성 제고를 위해 자본가가 만들어낸 자본주의적 환상에 불과할까.

일에서 찾을 수 있는 성취감을 놀면서 얻을 수 있는 기쁨이나 행복과 비교해보자. 대개의 경우 인간은 노동을 싫어한다. 놀 수만 있다면 평생 일하지 않으면서 살려고 한다. 삶의 의미, 자아실현과 성취감도 놀이에서 충분히 얻을 수 있기 때문이다. 이때 '놀이'는 광의의 개념으로 춤, 노래, 그림, 스포츠, 독서, 여행 등 예술과 문화 전반을 아우른다. 필요한 것을 위해서가 아니라 원하는 것에 대한 욕망을 실현하는 일이 놀이다. 맛있는 음식을 만들어 먹고 좋은 경치를 찾아 여행을 떠나고 사람들과 즐겁게 이야기하고 노래하고 춤추며 걷고 뛰고 땀 흘리고 깔깔거리는 모든 행위가 놀이다. 궁극적으로 인간은 놀기 위해 일하며, 내일을 향해 나아갈 수 있는 힘도 놀이에서 나온다. 인간에게 놀이는 삶의 가장 큰 행복이 아닐까. 삶의 즐거움을 느끼고 창조성을 기를 수 있는 놀이야말로 인간의 본능에 가까운 행위다. 그 종류와 형태는 전통과 문화에 따라 조금씩 다르다. 이러한 인간의 특징을 우리는 '호모 루덴스Homo Ludens'라는 말로 표현한다.

인간의 가장 큰 특징은 생각할 수 있는 능력이다. '호모 사피엔스Homo Sapiens'는 이런 의미를 잘 반영한 표현이다. 또 다른 인간의 특징은 도구를 제작, 활용한다는 점이다. '호모 파베르Homo Faber'가 바로 그런 의미다. 그런데 인간을 호모 사피엔스라고 하기엔 비이성적인 요소가 많고, 물건을 만드는 다른 동물들도 있기 때문에 호모 파베르라고 해도 뭔가 부족해 보인다. 그래서 요한 하위징아는 놀이하는 인간 '호모 루덴스Homo Ludens'라는 개념을 제안했다. 놀이 본능이 인간을 다른 동물과 구별 짓는 고유한 특징이라는 뜻이다. 사람과 공놀이를 하는 개를 보면 동물도 놀이를 즐기는 듯 착각하기 쉽지만, 인간의 놀이는 의지 혹은 의도가 포함된 행동이라는 점에서 다르다.

놀이의 또 다른 특징 중 하나는 본질적으로 비물질적 속성을 가지고 있다는 점이다. 진지하고 순수한 놀이는 인류 문명의 기반이 되었다. 놀이야말로 문화의 기본적인 토대다. 우리가 흔히 떠올리는 아이들의 소꿉장난 같은 놀이뿐 아니라 종교와 스포츠, 그리고 예술 등 거의 모든 문화의 기반이 놀이다. 그러니 놀이를 단순히 공부나 일과 분리된 여가 활동이라고 생각할 수는 없다. 놀이는 궁극적으로 상상력을 길러주고 새로운 문화를 창조하는 역할을 한다. 단순한 지식의 전수가 아니라 새로운 발견과 아이디어의 원천이 놀이의 본질적 기능이다.

> 놀이는 특정 시간과 공간 내에서 벌어지는 자발적 행동 혹은 몰입 행위로서, 자유롭게 받아들여진 규칙을 따르되 그 규칙의 적용은 아주 엄격하며, 놀이 그 자체에 목적이 있고 '일상생활'과는 다른 긴장, 즐거움, 의식意識을 수반한다.★

★ 요한 하위징아, 『호모 루덴스: 놀이하는 인간』, 이종인 옮김, 연암서가, 2018, 78쪽.

놀이는 동물과 어린아이들의 장난뿐 아니라 각종 게임, 전시와 공연까지 포함하는 개념이다. 우리는 놀이를 즐기면서 규칙에 따라 경쟁하고 서로 예의를 지킨다. 이러한 놀이의 특징이 한 사회의 문화와 전통을 만들어간다. 과거로 거슬러 올라가보자. 원시 공동체 사회에서는 초자연적 현상에 대한 주술 행위가 축제로 발전했다. 이 축제가 음악, 무용, 문학 등 모든 예술의 기원이 되었다.

우리가 즐기는 컴퓨터 게임, 아이돌 가수의 공연, 재즈 페스티벌, 월드컵 축구 등의 놀이는 인생에서 빼놓을 수 없는 즐거움이다. 이 놀이들은 단순히 '재미'만 주는 것이 아니라 생활의 활력을 주고 새로운 일을 시작하는 동기를 부여한다. 또 개인적인 공부와 업무에도 창조적 상상력을 불어넣는다. 휴식과 사고를 유연하게 하며 아이디어를 제공하기도 한다. 우리에게 주말과 휴가는 새로운 관점으로 일상을 바라보고 낯선 경험을 통해 관습적 사고에서 벗어나는 시간이기도 하다. 놀이는 단순히 업무를 돕는 보조적인 역할이 아니라 주체적이고 창조적인 삶을 위한 수단이다.

한발 더 나아가 법정에서 벌어지는 검사와 변호사의 법리 논쟁, 국가 간에 벌어지는 전쟁도 넓은 의미의 놀이 개념에 포함된다. 놀이의 어원은 그리스어 '파이디아Paidia'와 '아

곤Agon'이다. 파이디아는 '어린아이 혹은 어린아이에 속하는'
이라는 의미다. 파이디아에서 '아'를 세게 읽으면 놀이를 의
미하지만, '디'를 세게 읽으면 '유치함'이라는 뜻이 된다. 아
곤은 경기, 경연이라는 의미다. 우리가 말하는 놀이의 본질
적 개념이 바로 아곤의 영역에 숨어 있다. 즉 아곤은 '놀이-
축제-의례'의 복합적인 의미를 지닌다. 소송도 법정에서 벌
어지는 아곤이라고 할 수 있다. 전쟁도 마찬가지다. 경제적
팽창이라는 이유뿐 아니라 '자만과 허영, 위신에 대한 욕망,
우월성의 과시'가 전쟁의 본질이기 때문이다.

놀이에는 인식(지식)의 수단인 수수께끼도 포함된다. 고
대인에게 어떤 행위와 모험은 물리적 힘을 바탕으로 하지만,
지식은 주술적 힘이었다. 고대인들은 특별한 지식을 신성하
게 여겼다. 무엇을 안다는 것은 자연과 우주와 세계에 대한
원리와 관계를 이해한다는 의미로 생각했기 때문이다. 신성
한 수수께끼 게임은 목숨을 건 희생 제의*였다. 한마디로 목
숨을 건 지혜의 대결이었다. 하위징아는 바로 여기에서 철학
이 탄생했다고 주장한다. 예를 들어 고대 그리스에서 소피스

★ 신에게 바치는 제물이나 그 제물을 받는 신보다 '바치는 과정'을 중심에 둔 말이
다. 제물을 죽이고 피를 수거하여 뿌리거나, 고기와 기름기를 태우는 일련의 과정이
희생 제의가 된다.

트는 운동선수와 동등한 대우를 받았다. 소크라테스는 이를 궤변법이라고 비하했지만, 소피스트는 마치 운동선수의 뛰어난 기술처럼 탁월한 지혜와 언변으로 상대방을 쓰러뜨렸다.

음악, 무용, 미술 등 예술 분야에서 우리는 놀이의 성격을 쉽게 발견할 수 있다. 놀이는 예술뿐 아니라 인류의 역사와 문화를 이끌어온 힘의 원천이다. 말하자면 인류 문명의 발달은 바로 놀이 정신에서 출발했다고 볼 수 있다. 놀이를 통해 새로운 시도가 이루어졌고 과학적 발견이 이루어졌으며 기술의 진보가 이루어졌다고 해도 과언이 아니다. 상상을 현실로 만드는 과정은 일과 놀이의 경계를 허무는 지점에서 시작되는 게 아닐까? 회사에 수영장과 카페를 차려놓고 근무 시간에 낮잠과 게임을 즐길 수 있도록 배려하는 건 놀이의 창조성과 무한한 가능성을 활용하는 또 하나의 경영 전략이다. 제대로 놀 수 있는 방법은 무엇일까?

현대인에게 놀이 정신은
남아 있는가

먹고 마시고 음악 듣고 수다 떨고 텔레비전을 보고 산책하고……. 현대인에게 놀이는 일상의 '소확행'이며 삶을 위해 필요한 휴식이다. 하지만 어느 순간부터 현대인에게 순수한 놀이 정신은 사라지고 잠시 놀기 위해 쉼 없이 일해야 하는 아이러니한 일상이 반복된다. 일과 놀이를 역전시키고, 돈 들이지 않고 즐기는 방법을 고민해보자. 놀이 정신의 회복이야말로 인간성 회복이며 자본주의 사회에서 당당히 버틸 수 있는 자기만의 방법을 찾아가는 첫걸음이다.

일과 놀이의 구별은 현대인을 불행하게 만드는 요소가 아닐까 싶다. 모든 사람이 일을 즐길 수는 없지만 일에서 보람과 즐거움을 전혀 느끼지 못하면 좀 더 자극적이고 확실한 놀이를 찾는다. 하지만 스트레스 해소를 위한 놀이는 오히려 더 큰 허무감과 상실감을 안겨줄 수도 있다.

우리에게 놀이는 선택이 아닌 필수다. 삶 자체를 놀이로 여기며 평생 축제처럼 살고 싶지 않은가. 불가능한 꿈이 아니다. 일과 놀이를 명확히 구분하지 않고 놀이처럼 즐길 수 있는 일을 선택하고, 더 벌기 위해 애쓰지 말고 더 놀기 위해 몸부림쳐보자. 내일보다 오늘을, 영원보다 순간을 즐기면 안 될까? 대책도 없는 하루살이가 아니라 현재를 유쾌하게 즐길 수 있는 사람이 내일도 행복하다. 그 과정 자체가 미래를 위한 준비다.

서양에서 놀이가 어떻게 시작되었는지 잠시 살펴보자. 서양 문명의 기원은 그리스, 로마 제국이다. 특히 로마는 다양한 문화가 유입되며 성장했다. 번성했던 로마에서 '경기'는 공동체의 번영을 축하하고 미래를 보장하는 역할을 했다. 사막 위에 지었던 원형극장의 흔적이 과거의 영광과 상처, 놀이 문화의 흔적을 보여준다. 중세에는 기사도의 놀이, 궁정 연애의 기술이 대표적인 놀이였다. 이후 르네상스 시기에는 문학과 공공 축제가 발달했다. 바로크 시기에는 사물을 과장하는 경향이 있었으며, 예술 작품과 패션 스타일에서 이를 확인할 수 있다. 로코코, 신고전주의, 낭만주의 시대에도 놀이는 음악과 문학, 건축을 비롯한 다양한 예술 분야에 중요한 요소로 작용했다.

문명의 발달과 예술적 흐름은 고스란히 일종의 놀이 정신이었다. 뚜렷한 목적과 방향이 설정되지 않은 행위였으며 과정을 즐기는 활동, 새로움을 추구하는 시도, 과거에 대한 도전과 변형이었다. 그러나 합리주의와 공리주의가 사회 깊숙이 스며든 산업혁명 이후 현대사회는 물질만능주의, 상품화 경향이 두드러지며 문학과 미술에서도 순수한 놀이 정신을 찾아보기 어려워졌다.

이와 같이 인류 역사에서 놀이는 문명을 이루는 핵심 요소로 작용했다. 현대사회에서 놀이의 정신은 어떤 역할을 하고 있을까? 과연 놀이 정신이 남아 있기는 한 걸까? 자발적인 몰입과 놀이 그 자체에 목적을 둔 호모 루덴스는 대체 어디로 사라진 걸까? 이 질문들에 대한 답은 '자본주의'와 무관하지 않아 보인다.

오늘날의 스포츠를 떠올려보자. 대부분 '프로professional'들의 전유물이 되었다. 프로는 일반인과는 차원이 다른 전문가이며 직업인이다. 물론 놀이 정신이 완전히 사라졌다고 할 순 없다. 하지만 전문 선수는 더 이상 순수한 놀이 정신에 바탕을 두지 않는다. 반면 깔깔거리며 웃고 땀 흘리며 승부 자체를 즐기는 아마추어들은 자발적으로 무아의 경지에 이르는 몰입의 즐거움을 추구한다. 프로에게 이런 태도가 없지 않겠지만, 연봉에 따라 소속팀을 바꾸는 선수들의 유니폼은 거대한 광고판이다. 자본의 논리가 지배하는 또 하나의 거대한 산업이 프로 스포츠의 현실이다. 이것은 순수한 아곤적 원칙이 무너졌다는 의미다. 하위징아는 이미 1938년에 오로지 경쟁에서 승리해야 돈과 명예가 주어지는 프로 스포츠 시대를 예견했는지도 모른다.

스포츠뿐 아니라 테크놀로지, 광고, 미디어, SNS 등이 전 세계에서 경쟁심을 유발할 만한 수단을 제공한다. 즉 상업적 경쟁이 치열해지기 시작한 20세기 초반부터 현대사회는 진정한 놀이 정신을 잃어버리기 시작했다. 21세기는 말할 필요도 없다. 예술 분야는 어떨까? 18세기 이후 예술은 점점 더 독립적 지위를 가지며 중요한 가치를 인정받았다. 예술은 본질적 목적과 아름다움을 의식하지 않을 때 우리에게 축복이다. 다양성, 무목적성, 자유정신이 무한히 발현되던 시대는 얼마나 행복했을까? 벨 에포크La belle époque 시대를 지나 이제 예술도 우아함과 어린아이 같은 순진성을 잃어버린 게 아닐까?

이탈리아의 화가 모딜리아니가 그린 〈누워 있는 나부〉가 미국 뉴욕 소더비 경매에서 무려 1,600억 원이 넘는 가격에 팔렸다는 뉴스가 전 세계에 전해졌다. 피카소의 〈알제의 여인들〉에 이어 두 번째로 비싼 가격이었다. 이제 우리에겐 호모 루덴스가 아니라 '호모 이코노미쿠스'가 어울린다. 예술조차 순수한 놀이 정신에서 한참 멀어져간다.

스포츠, 예술, 문화 등 놀이의 결과물이 돈이 되면 더할 나위 없이 좋은 게 아니냐는 반론이 있을 수 있다. 일과 놀이가 하나 되는 삶은 축복이다. 하지만 선한 의지와 목적은 순식간에 돈벌이 수단으로 전락한다. 배고픈 예술가가 필요하다는 말이 아니라 현대인은 놀이조차도 자본의 논리와 수익 구조에 지배되는 세상을 살고 있다는 의미다. 케이팝, 뮤지컬, 프로 야구, 콘서트, 전시회, 영화는 물론이고 놀이공원과 테마파크가 아니면 놀기도 어려운 현실이다.

진정한 놀이는 그 자체가 목적이며 놀이 정신은 행복한 영감의 원천이다. 현대사회의 정치, 경제, 문화, 예술 등 모든 분야에서 우리가 잃어버린 것은 순수한 놀이 정신이 아닐까? 인류가 이룩한 위대한 문명은 놀이의 페어플레이 정신에서 시작되었다. 그 정신을 잃어버린 미래는 암담하다. 우리는 자본으로부터 자유로운 놀이를 즐기려는 노력, 순수하게 자연으로 돌아가는 즐거움, 사람에 치이고 부대끼지 않고 자기를 돌아보는 고독의 시간, 아무것도 하지 않을 자유가 필요하다. 놀이는 삶의 기쁨 그 자체이며 노동의 가치를 다시 돌아보게 하는 도구다.

퇴근하고 어디 갈래? 학교 끝나고 뭘 하며 놀까? 이번 휴가 때 어디로 떠날까? 주말에 뭐 하지? 이런 궁리를 하는 시간이 가장 즐겁지 않은가. 대단히 창조적인 놀이를 개발하지 않더라도 휴식과 놀이 시간을 어떻게 안배하느냐에 따라 우리의 삶의 질은 크게 달라질 수 있다. 놀이는 이후에 펼쳐질 일에 대한 몰입도, 창조성, 문제 해결 능력에도 무시 못 할 영향을 미친다. 놀이는 일하고 공부하고 나서 남는 시간에 즐기는 여가가 아니다. 과거에도 그랬지만 오늘을 사는 우리에게도 놀이는 진정한 행복의 근원이다.

일과 놀이가 하나인 삶은
가능한가

놀이가 곧 일이 된다면 더할 나위 없이 좋을 것이다. 그저 재 밌어서 공만 찼을 뿐인데 1년에 수백억을 버는 메시와 호날두 같은 스포츠 스타가 대표적인 사례다. 노래가 좋아 사람들 앞에서 자기 노래를 열심히 부르는 가수는 수많은 청소년의 우상이다. 별자리의 움직임을 연구하는 천문학자, 토론과 논쟁을 게임으로 생각하는 법률가, 새로운 음식을 만드는 재미에 푹 빠진 셰프도 마찬가지다. 일과 놀이가 하나일 수 있다는 생각은 합리화 혹은 착각일까.

몰입의 즐거움을 느끼는 놀이 같은 직업은 없을까. 머릿속에 운동선수, 연예인, 예술가 등의 직업이 떠오른다. 어떤 분야에서든 자신의 일을 즐기고 놀이로 삼는 사람들은 분명 있다. 성격유형 검사, 적성검사를 하고 진로와 직업을 고민하는 이유가 바로 이 때문이다. 남들이 부러워하는 직업이 행복한 삶을 보장하지는 않는다. 그래서 우리는 즐길 수 있는 '일'을 찾기 위해 늘 고민한다. 좋아하는 일과 잘하는 일 중 어떤 걸 직업으로 선택하느냐의 문제에는 돈벌이와 성공이라는 잣대가 개입된다. 놀이의 개념으로 접근하면 조금 다른 결과가 나올 수도 있다.

『논어』에는 '아는 사람은 좋아하는 사람만 못하고, 좋아하는 사람은 즐기는 사람만 못하다'라는 공자의 말이 나온다. 놀이가 중요한 이유는 아무리 노력하는 천재라도 즐기는 사람을 따라갈 수 없기 때문이다. 자신이 즐길 수 있는 일을 하며 사는 사람이 불행할 수는 없다. 새 옷을 만드는 일을 즐기는 디자이너, 게임을 하듯 흥미진진하게 수학 문제를 푸는 학생은 일과 공부가 곧 놀이다. 우리가 원하는 삶이 그렇지 않은가. 놀이의 성격과 범위는 다양하고 넓다. 무엇을 하며 어떻게 놀 것인가는 각자 선택의 문제지만, 일과 놀이가 하나되는 삶을 추구하는 노력은 계속되어야 한다.

미래 사회에서는 무엇보다 창조력과 상상력이 중요하다. 남과 다른 생각과 행동이 새로운 무언가를 만들어낼 수 있다. 생각하는 인간에서 놀이하는 인간으로 돌아갈 때 창조적 상상력을 발휘할 수 있다. 무슨 일을 하든, 어디서 어떤 삶을 살든 미친 듯 놀 줄 아는 사람은 남과 다른 방식으로 일할 줄 알며 일에서 자기만의 것을 창조할 수 있는 사람이다. 놀이야말로 마르지 않는 창조의 샘이다.

지금까지 말한 놀이는 몰입의 즐거움을 느낄 수 있는, 자유롭고 유쾌한 상상력을 불러일으키는 일이다. 즐겁게 놀고 신나게 즐기며 마음껏 웃는 행복의 원천이다. 놀이 본능은 모든 인간의 내면에 잠자고 있다. 자기 안에 숨은 본능을 자세히 들여다볼 시간이다. 자, 이제 더 신나게 놀아보자. 그래야 행복한 인생이 아닌가.

함께 읽어볼 만한 책

구본권, 『로봇 시대, 인간의 일』, 어크로스, 2015.

로먼 크르즈나릭, 『인생학교 일』, 정지현 옮김, 쌤앤파커스, 2013.

로버트 루트번스타인·미셸 루트번스타인, 『생각의 탄생』, 박종성 옮김, 에코의서재, 2007.

미하이 칙센트미하이, 『몰입의 즐거움』, 이희재 옮김, 해냄, 2007.

바버라 에런라이크, 『노동의 배신』, 최희봉 옮김, 부키, 2012.

안데르스 에릭슨·로버트 풀, 『1만 시간의 재발견』, 강혜정 옮김, 비즈니스북스, 2016.

알랭 드 보통, 『일의 기쁨과 슬픔』, 정영목 옮김, 은행나무, 2012.

오연호, 『우리도 행복할 수 있을까?』, 오마이북, 2014.

요한 하위징아, 『호모 루덴스』, 이종인 옮김, 연암서가, 2010.

윤태호 외, 『하고 싶은 일 해, 굶지 않아』, 시사IN북, 2014.

이반 일리치, 『그림자 노동』, 노승영 옮김, 사월의책, 2015.

이영남, 『네가 즐거운 일을 해라』, 민음인, 2015.

제리 캐플런, 『인간은 필요 없다』, 신동숙 옮김, 한스미디어, 2016.

존 버드, 『나에게 일이란 무엇인가?』, 강세희 옮김, 이후, 2016.

진중권, 『놀이와 예술 그리고 상상력』, 휴머니스트, 2005.

크레이그 램버트, 『그림자 노동의 역습』, 이현주 옮김, 민음사, 2016.

폴 라파르그, 『게으를 수 있는 권리』, 조형준 옮김, 새물결, 2005.

하종강, 『아직 희망을 버릴 때가 아니다』, 한겨레출판, 2008.

넷.

사랑은 아무도 가르쳐주지 않는다

○   만일 내가 어떤 사람에게 '나는 당신을 사랑한다'고
    말한다면, '나는 당신을 통해 모든 사람을 사랑하고
    당신을 통해 세계를 사랑하고 당신을 통해 나 자신
    도 사랑한다'고도 말할 수 있어야 한다.

'결혼은 미친 짓이다'?
어차피 사랑도 미친 짓이다!

윤영은 우여곡절 끝에 결혼했다. 모든 연인이 그러하듯 둘 사이에는 가슴 떨리는 순간도 많았고 다시 안 볼 것처럼 싸운 적도 있었다. 롤러코스터 같은 감정의 변화가 이어졌고 남편과의 관계는 서로 이해하고 양보하는 만큼 안정을 찾아갔다. 생각만 해도 저절로 웃음이 나오는 아이가 태어나면서 모든 게 바뀌었다. 아장아장 걷기 시작한 딸아이를 보면 남편에게 느낀 사랑과 비교할 수 없는 또 다른 사랑과 연민이 한꺼번에 쏟아진다. 그러면서 자연스레 남편에 대한 애정도 다른 모습으로 바뀐다. 두근거림이 아닌 편안함과 익숙함이

나쁘지 않다. 결혼은 사랑의 무덤이라는 말도, 사랑의 종착역이 결혼이라는 말도 새삼스럽다. 윤영에게 첫사랑은 생의 통과의례처럼 찾아왔지만 결혼은 관계 속에서 선택한 또 다른 삶의 방식이다.

사랑은 본능이 아닐까. 인간은 때가 되면 배고프고 졸린 것처럼 자연스럽게 사랑의 감정을 가지고 태어난다. 어떤 사람을 사랑할 것인가는 두 번째 문제다. 사랑하는 '감정'은 지극히 개인적이지만 사랑하는 '행위'는 사회적이다. 타인의 감정과 태도에 따라 나의 사랑도 달라지기 때문이다. 결국 사랑은 관계 양상에 따라 달라진다. 사랑은 예측 불가능한 블록버스터와 같다.

감정은 물과 같아 한곳에 머물지 않고 흘러간다. 감정의 변화는 통제 불가능한 것이어서 천국과 지옥을 오간다. 내 감정의 변화뿐 아니라 상대의 감정을 감지하고, 두 사람의 관계에 따라 목적 없는 항해를 계속하다가 언젠가 이별을 맞이한다. 영원한 사랑이 가능하지 않은 이유는 예측할 수 없는 감정의 소용돌이 때문만이 아니라 두 사람의 관계, 주변 상황이 계속해서 변화하기 때문이다.

이만교의 소설 『결혼은 미친 짓이다』*는 영화로도 제작되어 화제가 되었다. 현실적인 사랑을 노골적이고 적나라하게 풍자하며 이목을 끌었다. 우리는 흔히 결혼이 사랑의 최종 목적지라고 착각한다. 수많은 소설과 영화 등 예술 작품에서는 사랑 자체의 숭고함을 보여주며, 세속적 결혼이 사랑의 완성이나 결말이 아니라고 역설한다. 이 소설에서도 두 연인은 결혼과 위선적 도덕론을 둘러싸고 갈등한다. 결혼이라는 사회적 관습에 대한 풍자가 아니라 사랑의 본질에 대한 고민을 요구하는 듯하다.

결혼의 속살이 결코 아름다움과 행복으로 가득하지 않다면 도대체 '사랑'은 무엇인가? 우리는 한 번도 사랑을 배워본 적이 없다. 아니, 사랑이 뭐냐고 누군가에게 묻지도 않는다. 어느 날 갑자기 열병처럼 찾아와 신열을 앓고 난 후에야 비로소 그것이 사랑이었음을 뒤늦게 깨닫고 자기 사랑의 방법과 태도를 돌아본다. 눈에 보이지도 손에 잡히지도 않는 사랑 때문에 사람들은 목숨을 걸고 인생길을 바꾼다. 호세 오르테가 이 가세트는 "사랑은 결국 마술에 걸린 것과 같다"★★고 말한다. 이처럼 사랑은 보이지 않는 '환상'과 상대에 대한 '오해'에서 시작되는 것이 아닐까.

★ 이만교, 『결혼은 미친 짓이다』, 민음사, 2005.
★★ 호세 오르테가 이 가세트, 『사랑에 관한 연구』, 풀빛, 2008, 53쪽.

마약에 중독된 사람과 사랑에 빠진 사람의 뇌 이미지 스캐닝 결과는 서로 비슷하다. 두 사람 모두 뇌에서 중추신경 조절 물질인 도파민을 분비하기 때문이다. 사랑은 중독성이 있으며 심각할 경우 자기 파괴와 죽음에 이를 수 있다는 점에서도 마약과 유사하다. 하지만 우리가 생각하는 사랑은 충동적이고 파괴적인 감정 상태가 아니다. 아름답고 숭고한 무엇이며 세상을 온통 초록빛으로 볼 수 있는 행복과 기쁨이다. 인생에서 빼놓을 수 없는 갈등과 고민, 선택의 문제이기도 하다. 어느 쪽이든 평온한 일상에서 벗어난 일탈이라는 사실은 틀림없다.

이런 감정적 일탈은 타인과의 관계에서 시작된다. 혼자 사랑에 빠질 수는 없는 노릇이다. 그래서 스피노자는 "사랑이란 외적 원인의 관념을 동반하는 기쁨"*이라고 정의했다. 특정한 외부 대상을 전제로 한 기쁨이 사랑이라는 의미다. 그 외부 대상은 이성異性일 수도 있지만 동성, 부모, 자식, 인류 전체일 수도 있다. 경우에 따라서는 사람이 아닌 사물일 수도 있다. 이 감정은 도대체 어디에서 어떻게 생기는 걸까? 잠시 과학의 힘을 빌려보자.

★ 바뤼흐 스피노자, 『에티카』, 강영계 옮김, 서광사, 2007.

인간의 뇌는 크게 3층 구조로 되어 있다. 가장 안쪽에 '파충류의 뇌'로 불리는 뇌줄기(뇌간)와 소뇌가 있고, 이를 '포유류의 뇌'인 대뇌변연계, '인간의 뇌'로 불리는 대뇌피질이 차례로 감싸고 있다. 뇌줄기에는 주로 생명 조절 중추들이 모여 있다. 이들은 호흡, 심장박동, 시각 추적 등의 역할을 해서 '생명의 뇌'라고도 불린다. 이를 부드럽게 감싸고 있는 대뇌변연계는 '감정의 뇌'라고 한다. 대뇌변연계를 가진 포유동물은 양육과 돌보기가 가능하다. 이들은 자식과 음성 교신을 하며, 함께 놀이를 즐긴다. 사랑이라는 '감정'은 바로 여기, 대뇌변연계에서 발생한다. 마지막으로 대뇌피질은 진화 과정의 마지막에 발달한 뇌의 가장 바깥쪽이다. 말하기, 쓰기, 계획, 추론 등의 능력이 모두 대뇌피질에서 비롯된다. 인간의 사고 능력을 담당하는 영역으로 '이성의 뇌'라고도 한다.

　　인간의 뇌는 단계를 밟아 체계적으로 진화한 것이 아니다. 필요에 의해 만들어진 우연의 산물이다. 따라서 대뇌변연계가 담당하는 '감성'의 재료를 대뇌피질의 '언어'로 전달하는 일은 매우 어렵다. 사랑을 언어로 표현하는 것은 쉽지 않고, 논리적 추론도 불가능하다. 사랑은 비이성적이고 불합리하며 해석 불가능한 영역이다. 과학의 눈으로 사랑을 들여다보는 일에 사람들은 흥미를 갖지 않는다. 사랑의 본질이 무엇이냐에 관한 오랜 논쟁과 경험론들은 무의미할지도 모른다. 지극히 개인적인 상황과 맥락에 모두 적용되는 보편적 법칙이 존재하지 않기 때문이다. 사랑은 인간의 본능에 가깝지만 그것을 배우거나 설명하는 건 매우 어렵다. 그래서 철학자, 시인, 소설가, 사회학자, 심리학자 등 수많은 사람들이 여전히 사랑을 분석하고 끊임없이 연구하고 있는지도 모르겠다.

하지만 정작 우리가 궁금한 것은 사랑의 본질보다 방법이다. 첫눈에 반한 사람은 밤새워 고민한다. 누군가를 만나 연애를 시작한 사람은 단 한 사람으로 머릿속이 가득하다. 사랑을 시작하면 세상의 주인공은 오로지 두 사람뿐이다. 나머지는 모두 조연에 불과하다. 서로 조연이 되는 순간, 사랑은 기쁨이 아니라 고통이 되고 만다. 누군가를 사랑하고 이별하는 과정은 인간을 성숙하게 만든다. 천국과 지옥을 맛보면서 타인과 세상에 대한 태도가 달라지고 삶의 목표와 방법까지도 변하기 때문이다. 그래서 사랑은 인간에게 무엇과도 바꿀 수 없는 가장 중요한 경험이자 소중한 가치다.

사랑은 능동적
활동이다

사랑은 필연을 가장한 우연이다. 우리 삶에서 벌어질 수 있는 수많은 우연한 사건 중 하나가 사랑이다. 고려가요 〈가시리〉부터 최신 유행가까지 사람들의 즐겨 듣는 노래에서 사랑을 빼면 남는 게 없을 정도다. 누구나 사랑을 하지만 누구도 사랑이 무엇인지 쉽게 말하지 못한다. 그저 설명할 수 없는 우연의 장난 같은 것이라고 짐작할 뿐이다.

그런데 왜 사람들은 이 우연한 사건을 운명이라고 믿고 싶은 걸까. 그것은 아마도 본질적 고독과 결핍에서 벗어날 수 있다는 희망 때문이 아닐까. 부드러운 표정과 즐거운 대화, 체온으로 전해지는 따뜻함이 더해질 때 비로소 우리는 행복이라는 단어를 떠올린다. 텅 빈 집에 불을 켤 때, 잠이 오지 않는 밤 휴대전화를 만지작거리며, 지독한 절망의 순간마다 우리는 사랑하는 사람의 존재 자체가 행복이라는 사실을 깨닫는다. 연인은 가족이나 친구와 비교할 수 없는 친밀감과 충족감을 준다. 우연히 수많은 타인 속에서 단 한 사람이 눈에 들어온다. 다른 누군가가 아닌 바로 단 한 사람. 그때 우리는 거역할 수 없는 운명적 사랑을 예감한다.

사랑은 다름 아닌 결핍에 대한 자각이 아닐까. 자신의 육체적, 정신적 결핍을 보완해줄 대상에게 열정적 사랑을 느낀다. 상대적으로 나의 결핍을 상쇄할 만큼 풍족함과 장점을 지닌 대상과 결합하여 하나가 되고자 하는 열정이 에로스다. 에로스는 근본적으로 나와 타인 간의 '차이'에서 비롯된다. 그러나 결핍과 차이는 사랑의 한계로도 작동한다. 어떤 사람도 나와 같을 수는 없다. 서로에 대한 열정과 태도가 다르다. 그래서 때로는 고독과 결핍이 사랑의 충분조건이 아니라 비극의 서막이 될 수도 있다.

수많은 사랑 이야기들은 대부분 그 과정과 결과만을 보여준다. 사랑도 배우고 익혀야 하는 기술이라면 지식과 노력이 필요하지 않을까. 사랑이 아무리 본능적이고 감정적인 대뇌변연계의 작용이라 할지라도 조절 가능한 영역이 있고 사랑을 실천하는 방법도 있을 것이다. 우연과 행운에 따라 사랑하는 사람을 만나도 사람들은 제각각 다르게 반응한다. 우리는 결핍을 채우려는 집착이 아니라 서로를 충만하고 자유롭게 하는 '사랑법'을 익힐 필요가 있다. 이제 사랑의 기술에 대해 관심을 가져보자. 이성을 유혹하는 연애의 기술의 아니라 진정한 사랑의 기술을.

에리히 프롬은 대부분의 사람들이 사랑을 배우려 하지

않는 이유가 사랑의 문제를 '사랑하는', 곧 사랑할 줄 아는 능력의 문제가 아니라 '사랑받는' 문제로 생각하기 때문이라고 지적한다. 우리는 어떻게 하면 사랑받을까, 사랑스러워질까를 고민할 뿐 사랑할 줄 아는 능력은 중요하게 여기지 않는다. 게다가 사람들은 사랑의 문제를 '능력'의 문제가 아니라 '대상'의 문제로 생각하는 경향이 있다. 사랑하는 것은 쉽지만, 사랑할 대상을 만나는 일은 어렵다는 생각이다.

윤영도 마찬가지였다. 나를 사랑해줄 사람을 찾았다. 나에게 100퍼센트 전념하는 사람이 아니면 사귈 생각도 없었다. 하지만 더 사랑하는 사람이 '을乙'이 된다는 사실을 깨닫는 데 그리 오랜 시간이 걸리지 않았다. 이성으로 통제되지 않는 감정의 흐름 때문에 일상에 지장이 생길 정도였다. 사랑에 빠졌다고 느낀 건 사랑받는다는 행복보다 소용돌이처럼 윤영 안에서 쏟아져 나오는 사랑한다는 감정 때문이었다.

사실 우리가 일반적으로 생각하는 낭만적 사랑이라는 개념이 보편화된 것은 최근의 일이다. 신분제도가 확고한 중세까지는 자기 신분에 맞는 사회적 계급 사이에서 혼인이 이루어졌다. 그러니 사랑이 개인의 선택이나 자유로운 감정의 문제가 될 수 없었다. 결혼은 사회적 계급의 재생산이었고 한 가족과 공동체를 유지하는 수단이었다. 계급을 뛰어넘는 사랑은 비극이었고 저주였다. 하지만 지금은 사정이 다르다. 근대사회의 발명품인 낭만적 사랑은 대체로 자발적이며 개인적인 선택적 조건에 불과하다. 그 결과 사람들은 사랑할 수 있는 '능력'보다 사랑해야 할 '대상'의 매력을 중요하게 여기고 과장하게 되었다.

사랑은 인간의 실존 문제에 대한 해답이다. 인간은 본질적으로 분리 불안을 느끼는 존재다. 이를 극복하는 좋은 방법은 일시적이고 육체적인 쾌락이 아니라 진정한 '사랑'을 하는 것이다. 이때 사랑은 타인과의 융합을 통한 독립적 결합이다. 의존적 공생 관계는 사랑의 미숙한 형태다. 성숙한 사랑은 '개성을 유지하는 상태에서의 합일'을 뜻한다. 일반적인 '연애'는 자신의 결핍과 고독을 채우는 방식이다. 그와 달리 자신의 개성을 유지하면서 둘이 하나가 될 때 사랑의 유효기간은 늘어난다. 의존하고 집착하는 순간 열정은 사라지고 사랑하는 사람은 떠난다.

사랑은 인간에게 있어서 능동적인 힘이다. 곧 인간을 동료로부터 분리시키는 벽을 허물어버리는 힘, 인간을 타인과 결합시키는 힘이다. 사랑은 인간으로 하여금 고립감과 분리감을 극복하게 하면서도 각자의 특성을

허용하고 자신의 통합성을 유지시킨다. 사랑에 있어서
는 두 존재가 하나로 되면서도 둘로 남아 있다는 역설
이 성립된다.★

　일방적인 복종과 지배 같은 불균형한 상태는 미숙한 사
랑의 방식이다. 이와 달리 성숙한 사랑은 따로 또 같이 각자
제자리에서 상대를 인정한다. 다시 말해, 성숙한 사랑은 의
존적·배타적 감정이 아니라 나의 독립성을 유지하면서 타
인의 개성을 존중하는 능동적 활동이다. 사랑은 수동적으로
'빠지는 것'이 아니라 능동적으로 '참여하는 활동'이다. 이러
한 사랑의 능동적 성격은 '받는 것'이 아니라 '주는 것'이라
는 결론에 도달하게 한다. 오지 않는 전화를 기다리지 말자.
메시지의 답장 속도를 체크하지도 말자. 상대가 나를 얼마나
사랑하는지 가늠하는 순간 미숙한 사랑의 노예가 된다. 자기
사랑의 주인공은 사랑받으려는 몸부림이 아니라 상대를 사
랑하는 마음에서 비롯된다. 독립적 인격을 유지하지 못한 사
랑은 맹목이다.

　사랑의 능동적 성격에는 '준다'고 하는 요소 이외에도 보

★　에리히 프롬, 『사랑의 기술』, 황문수 옮김, 문예출판사, 1976, 38쪽.

호와 책임, 존경이라는 요소가 포함된다. 사랑받기 위한 노력과 의존적이고 이기적인 태도가 아니라, '자기 스스로의 힘과 의지로 쌓은 내적 힘에 바탕을 둔 겸손한 태도'가 사랑을 위한 능력이고 기술이다. 통제할 수 없고 주체할 수 없는 열정이 사랑이라고 생각하는 사람에게 이런 충고는 귀에 들리지 않을 수도 있다. 일시적이고 충동적인 감정과 구별되는 '사랑'은 자기통제가 가능한 행복한 활동이다.

진정한 사랑은 소유욕이나 독점욕과는 다르다. 사랑은 특정한 사람과의 관계가 아니다. 사랑은 한 사람, 특정 대상과의 관계가 아니라 세계 전체와의 관계를 설정하는 '태도'다. 어떤 사람이 한 사람만을 사랑하고 나머지 사람에게는 무관심하다면, 그의 사랑은 사랑이 아니라 배타적 애착이거나 확대된 이기주의에 지나지 않는다. 연인이 생기고 연락이 끊기는 친구는 곧 돌아온다. 사랑하는 사람이 생겼다며 인간관계를 정리하는 사람은 혼자가 되기 쉽다.

이처럼 단 한 사람에게만 맹목적으로 매달리는 집착은 사랑이 아니다. 만일 내가 어떤 사람에게 '나는 당신을 사랑한다'고 말한다면, '나는 당신을 통해 모든 사람을 사랑하고 당신을 통해 세계를 사랑하고 당신을 통해 나 자신도 사랑한다'고도 말할 수 있어야 한다. 진짜 사랑은 나와 타인 그리고 세상을 사랑하는 법을 깨닫게 한다. 자기 안의 사랑이 충만하면 타인과의 관계, 삶의 태도에도 긍정적인 영향을 미친다. 우애, 모성애, 자기애, 신에 대한 사랑도 마찬가지가 아닐까. 우리가 흔히 말하는 '사랑'은 생각보다 의미가 깊고도 넓다. 여전히 말은 쉽고 실천은 어렵다.

사랑이 어떻게 변하니?
노력하지 않는 사랑은 사랑이 아니다!

자본주의는 세속화된 종교다. 발터 베냐민의 말을 빌리지 않더라도 자본주의는 현대인에게 익숙한 삶의 조건이다. 사랑도 여기에서 자유롭지 않다. 사랑에 관한 이론과 실제는 다르다. 돈은 사랑에도 영향을 미치기 때문이다. 시장조사 기업 엠브레인이 2016년에 전국 만 13~59세 남녀 1,000명을 대상으로 '데이트 비용'에 대한 설문 조사를 한 결과 10명 중 7명(71.1퍼센트)이 데이트 비용 문제로 연인과 헤어질 수 있다고 응답했다.★ 결과가 놀랍지는 않다. 함께 밥을 먹고 차를

★ "'사랑 밀어내는 데이트 비용'… 10명 중 7명 이별 고려", 《서울신문》, 2016. 12. 16.

마시고 영화를 보고 여행을 가는 데도 돈이 필요하기 때문이다. 돈이 없으면 사랑도 할 수 없는 현실은 어제오늘의 일이 아니다.

에리히 프롬은 현대사회에서 사랑이 붕괴된 이유로 사랑, 합일, 친밀감을 바라는 충족되지 않은 욕망이 생산품을 소비하는 데에서 만족을 찾는 습관을 꼽는다. 그뿐 아니라 현대인은 고통이나 슬픔, 갈등이 없는 사랑을 추구하는 감상적 태도를 가지고 있으며, 자기 자신의 문제를 사랑하는 사람의 결함이나 결점에 투사한다고 지적한다. 다른 사람의 사소한 결점까지도 낱낱이 비판하고 자기 자신의 결점을 천연덕스럽게 무시해버리는 태도 때문에 사랑이 무너진다.

사실 우리는 나 자신을 돌아보고 반성하기보다 다른 사람들을 비난하고 개조하려 하기 바쁘다. 이별한 친구들의 하소연을 들어보라. 99퍼센트는 자기 탓이 아니라 상대방의 잘못으로 헤어졌다고 말할 가능성이 크다. 허전함과 외로움은 물질적 풍요로움으로 채워지고 사랑은 쇼핑과 소비로 대체된다. 물질적 풍요에 집착하고 상대에게 바라는 것만 많은 사람에게 사랑은 고가의 사치품에 불과하다.

소설, 영화, 드라마를 보면서 우리는 지고지순한 사랑, 달콤한 로맨스를 꿈꾼다. 영화는 영화일 뿐, 현실은 냉정하고 사랑은 생각보다 어렵다. 눈높이를 드라마 주인공에 맞추고 있으니 내 삶이 초라하다. 대리 만족도 한두 번이지 그와 비슷한 삶은 언감생심이다. 눈길을 걷다 언 손을 비벼주고, 서로 어깨에 기대 밤하늘의 별을 바라보기는 해도, 우리의 현실은 사랑을 선물로 증명해야 하는 것이다. 물론 세속적 사랑과 진짜 사랑이 다른 것은 아니다. 하지만 우리는 사랑이라는 감정, 사랑하는 사람, 현실적 생활 사이에서 종종 길을 잃는다. 선택의 순간은 왜 매번 잔인하기만 할까. 성숙한 사랑에 도달한 연인들은 현실적인 문제조차 지혜롭게 극복할 수 있지 않을까?

사랑을 실천하기 위해서 필요한 것은 훈련, 정신 집중, 인내다. 사랑의 기술을 습득하기 위해서는 끊임없는 훈련과 연습이 필요하다. 첫사랑에 능숙하다면 이상하지 않을까. 하지만 두 번째, 세 번째도 첫사랑과 같은 방식이라면 문제가 발생한다. 사랑을 통해 사랑하는 능력이 길러진다. 다른 사람과의 관계에서 정신 집중은 멀티플레이가 일상화된 현대인에게 반드시 필요한 덕목이다. 한 사람을 향한 몰입이야말로 사랑의 시작이다. 상대방의 일거수일투족을 체크하는 집착이 아니라 온전히 상대를 향해 열린 마음이 집중이다. 마지막으로 사랑에는 인내가 필요하다. 사랑하는 두 사람은 개

　넷 ○ 사랑은 아무도 가르쳐주지 않는다

별적이고 독립적인 존재다. 때로는 준비가 필요하고 때로는 기다림의 시간도 견뎌야 한다. 그 자리에서 가만히 바라보는 자세도 사랑을 실천하는 중요한 방법 중 하나다.

이런 능력을 키우려면 자아도취에 빠지지 않아야 한다. 상대보다 자신을 더 사랑하는 사람은 사랑하기 어렵다. 때로는 자기희생도 필요한 법이다. 사람과 사물을 '있는 그대로' 객관적으로 바라보는 안목도 중요하다. 자기만의 시선으로 상대를 우상화하거나 왜곡된 기대를 갖는 것은 사랑이 아니라 자아도취이며 집착의 시작이다. 객관적 시선은 이성의 힘에 의해 가능하고, 이성의 배후에 있는 감정적 태도는 겸손이다. 사랑하는 사람이 아니어도 타인을 객관적으로 바라보고 이성적으로 판단하는 일은 관계의 기본이다. 사랑하는 사람을 나와 비교하고, 또 다른 사람과 비교하는 순간 사랑은 쇼핑이 될 수도 있다.

사랑하는 사람을 객관적으로 판단할 수 없다면 가족과 친구를 대하는 태도도 마찬가지다. 가족과 친구를 사랑하지 못하면서 낯선 사람을 사랑한다는 것은 어려운 일이다. 일시적 열정과 깊은 사랑은 이렇게 시작부터 다르다. 앞서 살펴본 대로 사랑이라는 '감정'의 영역과 '겸손, 객관성, 이성'의 영역은 대뇌변연계와 대뇌피질의 영역만큼 거리가 멀다.

두 개의 뇌가 서로 조화를 이루지 못한다면, 그 사랑은 불행한 결과를 낳는다. 겸손한 태도로 자신을 돌아보고 객관적으로 상대를 파악할 수 있는 이성적 능력이 뒷받침된 사랑이 아름답다. 자기 파괴적, 타인 지향적, 맹목적인 열정은 사랑이라고 할 수 없다. 상대가 자신이 원하는 대로 해주지 않으면 화가 나고 고통스럽기 때문이다. 그런 건 사랑보다 이기적 욕심에 가깝다.

무인도에 살지 않는 한 둘만의 사랑은 불가능하다. 사회와 다른 사람들과의 관계 속에서 가능한 것이 사랑이다. 오늘날 일반적으로 진정한 사랑이 결여되어 있다는 비판은 개인이 아닌 사회적 조건에 대한 것일 수도 있다. 사회로부터 분리된 인간은 없다. 사랑의 기술도 마찬가지다. 사랑의 이론과 실천을 개인적인 측면으로만 바라봐서는 안 된다. 안정된 사회, 살기 좋은 세상은 성숙한 사랑을 위한 전제조건일 수도 있다. 타인에 대한 불신이 팽배하고 공동체에 대한 신뢰가 무너진 사회에서 개인의 사랑이 깊어지고 넓어질 수는 없기 때문이다.

다시 말해, 개인의 사랑도 사회적 조건과 무관하지 않다는 말이다. 그렇다면 이 시대, 우리 사회는 개인의 사랑에 어떤 영향을 미치고 있을까? 자본주의 시스템 안에서 사랑하는 사람들이 서로 의지하며 행복하게 살아갈 수 있는 토대가 마련돼야 한다. 사랑이 곧 결혼을 의미하는 것은 아니지만 육아, 교육, 실업, 주택, 노후 등 생애 전반에 걸쳐 있는 삶의 조건이 개인의 사랑에 영향을 미친다는 데 동의하지 않을 수 없을 것이다. 사랑의 조건과 사랑의 기술이 조화를 이룰 수 있는 이상적 사회는 한낱 꿈에 불과한 것일까?

사랑은 지독한
그러나 너무나 정상적인 혼란

영화 〈봄날은 간다〉에서 사운드 엔지니어 상우(유지태)는 지방 라디오 방송국 PD 은수(이영애)와 사랑에 빠진다. "라면 먹고 갈래?"가 시작이었다. 겨울에 만나 봄을 지나 여름이 다가오면서 두 사람의 관계가 삐걱거리자 상우는 은수에게 "어떻게 사랑이 변하니?"라고 묻는다. 은수는 헤어지자고 차갑게 말하면서 "사랑은 변하지 않아. 단지 사람의 마음이 변했을 뿐이지"라고 말한다. 그렇다. 사랑은 변하지 않는다. 사람의 마음이 머물러 있지 않고 끊임없이 흘러갈 뿐이다. 인간은 한곳에 머물러 있을 수 없고, 시간이 흐르면서 탄생-성장-소멸하는 존재이니 어쩌면 자연스러운 변화가 아닐까 싶기도 하다.

연인에 대한 사랑, 가족에 대한 사랑, 이웃에 대한 사랑, 자연에 대한 사랑 등 우리는 사랑이라는 말을 남발한다. 아껴 써야 할 이유도 없지만, 그만큼 사랑에 대한 정확한 이해와 준비가 부족할 수도 있다. 우연한 만남, 예고 없이 찾아오는 감정에 무슨 준비가 필요하냐고? 그럴 수도 있다. 하지만 백마 탄 왕자님을 기다리거나 평강공주를 꿈꾸는 사람의 사랑이 지속 가능할 리 없다.

사랑을 책으로 배울 수는 없지만 사랑이라는 감정과 사회적 존재로서의 자신을 성찰하는 일은 매우 중요하다. 사랑이 대뇌변연계에서 벌어지는 통제 불가능한 감정의 영역이라면, 사랑하는 사람과의 관계를 통해 자신을 성찰하고 사랑을 지속해나가는 것은 이성의 영역이다. 지속 가능한 사랑을 하고 싶다면 열정과 집착만으로는 불가능하다. 에리히 프롬의 말대로 사랑은 받는 것이 아니라 주는 것이라는 사실을 잊지 말아야 한다. 사랑하는 사람을 통해 더 많은 사람과 세상을 사랑하는 법을 배워야 한다. 그것이 사랑의 위대함이다.

독일의 사회학자 부부인 울리히 벡과 엘리자베트 벡 게

른스하임은 "사랑은 지독한, 그러나 너무나 정상적인 혼란"
이라고 말했다. 요즘은 연애도 공부를 해야 한다. 유혹의 기
술을 가르치는 사람도 있고 연애 전문가도 등장했다. 일시
적, 감각적, 육체적 욕망을 채우려는 목적이 아니라면 크게
도움이 되지 않아 보인다. 본질적인 '사랑'에 대한 깊은 고민
은 점점 찾아보기 힘들다. 영혼을 감싸 안는 사랑보다 육체
를 돋보이게 하는 물질적 풍요에 더 관심을 쏟기 때문은 아
닐까.

연애를 하고 싶다면 먼저 사랑에 대해 고민하자. 진정한
사랑의 기술은 얄팍한 연애의 기술과 다르다. 사랑'받기' 위
해 노력하는 사람보다 사랑'하는' 사람이 더 행복하다. 사람
이 아닌 '조건'을 고르는 중인지, 사랑이 밥 먹여주느냐는 생
각을 가진 건 아닌지 자신의 마음을 들여다보자. 준비운동
없이 찬물에 들어가면 심장이 멎을 수도 있다. 사랑에 대한
노하우는 사랑에 대한 객관적 이해와 준비, 지극히 개인적인
경험들이 쌓여 만들어진다. 지금 사랑하고 있지 않다면, '사
랑할 시간이 많지 않다'는 사실을 잊지 않기를.

함께 읽어볼 만한 책

강신주, 『강신주의 감정수업』, 민음사, 2013.

데이비드 버스, 『욕망의 진화』, 전중환 옮김, 사이언스북스, 2007.

스레트코 호르바트, 『사랑의 급진성』, 변진경 옮김, 오월의봄, 2017.

알랭 드 보통, 『왜 나는 너를 사랑하는가』, 정영목 옮김, 청미래, 2007.

──, 『우리는 사랑일까』, 공경희 옮김, 은행나무, 2005.

알랭 바디우, 『사랑 예찬』, 조재룡 옮김, 길, 2010.

에리히 프롬, 『사랑의 기술』, 황문수 옮김, 문예출판사, 2006.

울리히 벡·엘리자베트 벡 게른스하임, 『사랑은 지독한 그러나 너무나 정상적인 혼란』, 강수영·권기돈·배은경 옮김, 새물결, 1999.

이정은, 『사랑의 철학』, 살림, 2004.

토머스 루이스·패리 애미니·리처드 래넌, 『사랑을 위한 과학』, 김한영 옮김, 사이언스북스, 2001.

호세 오르테가 이 가세트, 『사랑에 관한 연구』, 전기순 옮김, 풀빛, 2008.

M. 스캇 펙, 『아직도 가야 할 길』, 최미양 옮김, 율리시즈, 2011.

다섯 ○

우리는 학교에서 무엇을 배웠을까?

○ 공부는 한 인간이 삶을 위해 앎의 즐거움을 깨치는 과정이다. 따라서 인간이란 어떤 존재이며 세상은 어떤 곳인지 아는 것이 중요하다. 지식과 인성은 학교에서 가르치는 것이 아니라 학생들이 직접 경험하고 부딪히는 과정에서 얻을 수 있는 결과다.

학교란
무엇인가

욜로YOLO란 '인생은 한 번뿐이다You Only Live Once'라는 의미
다. 미래를 위해 참거나 다른 사람을 위해 희생하지 않고 현
재 자신의 행복을 가장 중요하게 생각하는 라이프스타일이
다. 욜로족은 내 집 마련, 노후 준비보다 자신이 좋아하는 기
호품, 여행, 문화생활을 즐긴다. 불황, 취업난, 주택난, 육아
문제 등 복합적인 사회현상의 결과일 수도 있으나 먼 미래를
위해 현실을 참고 견디는 일이 과연 한 번뿐인 내 인생을 행
복하게 사는 방법인지에 대한 고민의 결과로 볼 수도 있다.

　연우는 대학만 가면 신나게 놀고 싶었다. 지긋지긋한 고

등학교 생활 때문이었다. 아침부터 밤늦게까지 네모난 틀에 박혀 있는 기계 같은 생활이 싫었다. 다른 생각은 허용되지 않았고 어디에 쓸모가 있는지 모를 공부와 이런 걸 왜 알아야 하나 싶은 시험문제들이 연우를 힘들게 했다. 새로운 일에 도전하고 싶어 하는 자유분방한 이에게 대한민국의 학교는 여전히 끔찍하다. 학교와 교사가 옳고 그름을 정하고 대학 입시가 공부의 종착역이라고 생각하니 빨리 벗어나고 싶었다. 논술 전형으로 대학에 합격하고 졸업을 했지만, 학창 시절의 추억보다 학교교육에 대한 불신이 더 크다.

어른들은 대학 갈 때까지만 참으라는 말로 청소년들에게 공부를 강요한다. 하지만 대학에 들어가도 현실적인 문제는 하나도 해결되지 않는다. 어차피 대학은 취업 준비 기관으로 전락한 지 오래다. 간판으로 먹고살던 시대도 지났고 전공과 진로가 자연스레 연계되지도 않는다. 매년 기록을 갈아치우는 청년 실업률, 비정규직 차별, 주거 문제, 결혼과 육아 등 남은 인생의 숙제 같은 일들을 생각하면 아득하다. 이런 현실에서 평범하고 행복한 일상을 누리기 위해 우리는 어린 시절부터 치열하게 공부했고 지금도 자기계발에 최선을 다한다.

그런데도 왜 여전히 현실은 팍팍하고 잘살 수 있다는 희망이 보이지 않는 걸까. 학교에서 배운 세상은 우리가 온몸으로 부딪치는 현실과 무엇이 다른가. 고등학교 1학년 때 인도 여행을 하며 새로운 인생을 개척해 독립영화 감독이 된 '로드스쿨러' 이길보라, 대학교 인문학부를 수석 졸업한 후 다니던 직장을 그만두고 모교 앞에서 토스트 가게를 차린 이준형, 학문의 본질을 잃고 거대 자본과 기업의 종속변수가 되어버린 대학을 떠나며 '오늘 나는 대학을 그만둔다, 아니 거부한다'고 선언한 김예슬의 이야기는 이제 특별한 예외가 아닐 수도 있다.

답답한 현실 문제를 모두 학교 탓으로 돌릴 수는 없으나 최소한 학교는 사회로 진출하기 전 인간과 세상에 대해 생각하고 고민해야 하는 장소다. 자기 삶의 목표와 가치를 마련하고 현실적인 삶을 준비하는 곳이다. 물론 학교가 우리 미래를 보장해주지는 않는다. 다만 학교가 입시와 취업을 위한 수단이 아니라 사람마다 다른 꿈을 꾸고 다른 삶을 준비하는 다양성이 존중되는 곳일 수는 없을까.

"어디에 있었니? 너를 찾으러 여기저기에 가봐도 없더라. 학교에 가지 않고 빈둥빈둥 놀기만 할 거니? 제발 학교에 가거라! 광장에 우두커니 서 있거나 거리를 쏘다니는 짓은 이제 좀 그만두거라. 주위 분위기에 휩쓸리지 말고, 선생님

앞에서는 예의 바르고 존경하는 마음가짐으로 있어다오. 선생님을 잘 따르면, 너를 잘 돌봐주실 거야. 부탁이다, 애야!"

2,500년 전 바빌로니아의 어느 학부모가 남긴 기록이다. 애타는 어머니의 마음은 예나 지금이나 변함없다. 우리에게는 누구나 학교에 가서 교육을 받고 인간답게 살 권리와 의무가 있다. 사실 이런 보통교육이 정착되기까지는 많은 시간과 노력이 필요했다. 교육은 민주주의 사회에서 모든 사람이 '평등'과 '자유'의 가치를 실현할 수 있는 가장 기본적인 방법이기 때문이다.

학교의 어원은 '한가함'를 뜻하는 그리스어 'schole'이다. 영어의 'school', 독일어의 'schule', 프랑스어의 'ecole'이 전부 여기서 유래했다. 고대 유럽에서 학교는 유한계급의 자녀에게 교양을 가르치는 장소였다. 여유 있고 한가한 계급의 자녀들이 학교에 모여 습득한 지식과 기술, 교양은 그들의 지위와 권력을 유지하는 수단이었다.

지금은 누구나 학교에 다닐 수 있지만, 그것이 돈과 권력을 얻기 위한 중요한 수단이라는 사실은 변함이 없다. 고대부터 중세까지 이어진 신분 질서가 무너지고 누구나 보통교육을 받을 수 있는 세상이 되었지만, 학비가 비싼 고급 사립학교, 특수한 계층을 위한 학교 등은 여전히 사라지지 않는다. 모든 사람이 자유롭고 평등하게, 개인의 능력과 노력만으로 살 수 있는 세상이 아니라는 뜻이다. 자유로운 계층 이동의 수단이라고 할 수 있는 학교 선택에서도 출발선이 다르다. 영어유치원, 사립초등학교, 국제중, 특목고 등 출신 학교가 부모의 재력과 계층에 따라 달라지기 때문이다. 부모의 경제적 능력과 사회적 지위, 상급 학교의 선발 방식, 특정 직업을 얻기 위한 조건 자체가 공평하지 않다. 그래서 철학자 이반 일리치가 '학교 없는 사회'를 외쳤고, 폴 윌리스는 『학교와 계급 재생산』을 통해 학교 제도의 기만을 폭로한 것이 아닐까?

'금수저'와 '흙수저'로 상징되는 계급론이 사회적 이슈가 된 이유는 보이지 않는 계층과 계급이 여전히 존재하기 때문이다. 교육은 신분 상승의 지렛대 역할을 할 수도 있지만, 계층 사회를 고착화하는 일등 공신이기도 하다. 한 나라의 교육정책과 비전은 구성원들이 합의한 미래의 모습이다. 학교는 그 미래를 짊어질 민주 시민 양성을 목표로 한다. 그러나 현실에서는 추상적인 목표와 가치가 반영되지 않는다. 대한민국의 교육 현실도 기득권 세력과 서민들의 줄다리기가 팽팽히 진행되는 모습이다.

근대 이후, 학교는 공식적인 보통교육 기관으로 자리 잡

다섯 ○ 우리는 학교에서 무엇을 배웠을까?

왔다. 상공업의 발달에 따른 인문 교육 중심의 중등교육, 산업혁명에 따른 전통적 도제 제도를 대체할 근대적인 직업교육, 근대국가 성립에 따른 초등교육 중심의 국민교육 등이 오늘날 학교의 모델이다. 이후 시민혁명이 일어나고 민주주의가 성장하면서 교육의 기회균등이 실현되었다. 19세기 유럽에서는 국가 차원의 세속적·공공적 성격을 가진 국민 보통교육 제도가 보급되었다. 이것이 바로 현대 공교육의 출발이다.

하지만 초창기의 학교는 지금의 모습과 많이 달랐다. 앞서 말한 대로 고대 유럽의 학교는 유한계급의 교양 습득 장소였다. 일하지 않아도 먹고사는 데 지장이 없는 사람들에게 공부는 일종의 놀이였다. 학교에 다니면서 얻은 지식과 교양이 계층을 확고하게 다지는 기반을 마련해준 셈이다. 하루 종일 일해야 먹고살 수 있는 사람들은 학교에 갈 수도 없었고 갈 필요도 없었다. 학교는 몇몇 사람에게만 허락된 특권이었다.

중세의 학교도 마찬가지였다. 수도원, 신학교, 대학 등 학교의 설립 목적은 주로 지배 계층을 양성하는 것이었다. 이곳은 훌륭한 성직자, 관료를 만들기 위한 교육기관이었다. 수도원과 신학교에서는 사제를 양성했으며, 대학은 학자와 관료를 길러 왕의 권력을 유지하고 국가를 지배했다. 이들은 자연스럽게 부와 권력을 독점했다. 그러다가 13세기 십자군 전쟁이 끝난 뒤에야 시민 학교가 세워져 보편적인 교육기관으로 자리 잡기 시작했다.

우리나라의 학교는 최초의 국립 교육기관이었던 고구려의 태학과 개인이 설립한 경당에서 출발했다. 이는 고려의 국자감, 조선의 성균관, 서당 등으로 이어졌고, 개화기 이후에는 보통학교와 대학이 설립되었다. 오늘날 대부분의 학교에서는 대학 입시를 중심으로 교육 활동이 이루어진다. 그러나 사회의 요구, 학생과 학부모의 태도, 교사의 관점은 제각각이다. 각자의 입장에 따라 학교에 대한 기대가 다르기 때문이다. 어쩌면 학교란 무엇인가에 대해 시각차가 발생하는 것은 지극히 자연스러워 보이기도 한다.

민주국가에서 공교육은 기회균등의 정신에 따라 개인의 직업 선택의 자유를 보장해야 한다. 노력한 만큼 대가를 정당하게 얻을 수 있고 얼마든지 계층 이동이 가능한 사회가 우리가 꿈꾸는 민주사회다. 그러나 이상적인 현실은 존재하지 않는다. 보이지 않는 계층 이동의 장벽이 존재하고, 태어나면서부터 교육 환경의 차이가 발생하기 때문이다. 기회는 사람마다 조금씩 다르게 주어지며, 선택의 폭은 그리 크지 않아 보인다. 학교는 공부만 하는 장소가 아니다. 학교의 기능과 역할에 대해 다시 생각해야 한다.

학교는 어떻게 계급을
재생산하는가

모든 인간은 태어나면서부터 비형식적·무의식적 교육을 받으며 살아간다. 처음에는 부모와 양육자에게 말을 배우고, 살아가는 데 필요한 여러 가지 기능을 익힌다. 시간이 지나면 차츰 문자를 익히고 한 사회의 문화를 내면화한다. 학교라는 공식적인 교육기관이 아니더라도 타인과의 교류, 동호회, 독서, 여행, 언론, 인터넷, SNS 등을 통해서도 공부는 계속된다. 이처럼 비공식적인 조직을 통해 우리는 다양한 형태로 교육받을 수 있다.

　　그런데 우리는 왜 학교에 다니는 걸까? 배우고 익혀 실력을 갈고닦아 제도화된 사회의 구성원이 되는 절차라서? 아니면 돈과 명예 그리고 권력을 얻는 방법을 배우기 위해서? 앎의 기쁨과 깨닫는 즐거움을 통해 성숙한 인간이 되려고? 홈스쿨링, 검정고시, 대안학교 등 조금 다른 방법이 있긴

하지만, 학교는 여전히 가장 보편적이고 일반적인 교육기관이자 사회화 과정이다. 대부분의 사람들은 이곳에서 청소년기를 보내며 성인이 되기 위한 준비를 한다.

문제는 많은 학교에서 모든 학생에게 정말 필요하고 유익한 내용을 가르치고 있는지 여부다. 누구든 이 질문에 선뜻 '그렇다'고 답하기가 어려울 것이다. 교육의 목적과 내용은 한 사회의 지향점과 무관하지 않다. 그렇다면 우리나라의 초·중·고등학교에서 학생들에게 가르치고 싶어 하는 것은 무엇일까? 그리고 학생이 배우고 싶어 하는 공부, 학부모가 원하는 공부는 무엇일까? 단순히 상급 학교 진학이 목적이라면 훨씬 효율적인 방법이 많다. 지금 학교에서는 세상을 살아가는 데 필요한 내용을 배우고, 인간답게 살기 위해 교양을 쌓고, 어떻게 살 것인지 고민하며 우정을 나누고, 대화와 토론을 통해 생각의 폭을 넓히는 공부를 하고 있을까? 오로지 내신 경쟁에 매몰되거나 수능 준비를 위해 올인하거나 화려한 학생생활기록부를 위해 스펙 쌓기 경쟁을 하고 있는 건 아닐까?

공부는 한 인간이 삶을 위해 앎의 즐거움을 깨치는 과정이다. 인간이란 어떤 존재이며 세상은 어떤 곳인지 알아가는 과정이 공부다. 지식과 인성은 학교에서 가르치는 것이 아니라 학생들이 직접 경험하고 부딪치며 얻을 수 있는 결과다. 어떤 직업을 갖고 살아가든 어디에서 무얼 하든 자신의 내면을 들여다보고 삶의 목적과 방법을 고민하며 타인과의 관계, 정치와 경제 시스템, 인류의 역사와 현실의 문제, 예술적 감수성과 취향을 즐길 수 있는 공부가 아니라면 졸업과 동시에 연기처럼 사라진다. 시험을 위한 공부, 계층 이동을 위한 공부, 자격증과 직업 선택을 위한 공부가 불필요한 것은 아니지만, 오로지 그것만을 위한 공부는 우리를 멍들게 한다. 공부는 살아 있는 동안 한 순간도 놓을 수 없는 인간의 권리이며 인간다운 삶을 위해 꼭 필요한 방법이다. 학교에서 공부의 즐거움과 필요성을 느낄 수 있다면 우리에게 공부는 조금 다른 의미일 수도 있다.

폴 윌리스는 『학교와 계급 재생산』에서 학교의 모습을 적나라하게 드러낸다. 영국 노동자계급 출신으로 사회학자가 된 폴 윌리스는 계급과 문화의 복잡한 관계에 주목했다. 이 책에 등장하는 '싸나이들lads'은 반항을 통해 다지는 결속과 우정과 의리에 가치를 부여한다. 그들은 공부와 졸업장에 전혀 관심이 없다. 거친 말투와 표현, 실없는 농담, 이상한 옷차림, 교사에 대한 저항으로 자신들이 속한 계급의 문화를 익힌다. 암기한 지식, 순종적인 태도, 엄격한 규율 등이 부질 없다고 여기고, 진정으로 중요한 것은 세상이 실제로 어떻게 돌아가는지 아는 데 있다고 믿는다. 이들은 소위 '범생이들 earoles'이 남의 말을 듣기만 할 뿐 행동으로 옮길 줄 모른다고 경멸한다. 싸나이들은 육체노동을 선호하며 자신의 사회적 계급에 자부심을 갖고 있다.

우리의 상황은 노동당이 보수당과 더불어 강력한 정치 세력을 이루고 있는 영국과는 많이 다르다. 육체노동을 비하하는 사회적 분위기와 공부하는 사람을 우대하는 유교적 전통 때문에 모든 학생들이 공부 스트레스를 받는다. 고졸과 대졸의 임금격차가 평생 줄어들지 않고 결혼, 취업 등 생활의 모든 면에서 보이지 않는 차별을 받기 때문에 대학 진학에 목숨을 거는 부작용이 발생한다. 뿌리 깊은 학벌주의가 전근대적인 우리 사회의 단면을 반영한다.

계급 정체성class identity이라는 것은 그것이 개인적, 그리고 집합적 의지를 통해 거듭되어 살아날 때 비로소 진정으로 재생산되는 것이라고 볼 수 있다. 사람들이 자신들의 계급적 운명을 다른 어디에서 빌려 오지 않고 그것 자체를 내면화해 삶으로 살아가는 것은 주어진 것이 변형되고 강화되어 새로운 목표를 위해 활용

될 때다.★

아침에 눈을 뜨면 학생들은 어김없이 학교에 간다. 자신이 속한 계층과 계급은 생각하지 않는다. 학교 문화에 대해서도 심각하게 고민하지 않는다. 오로지 공부에 매몰되어 대학 입시에 목을 맨다. 교육과정, 고입 선발 제도, 수능과 대학 입시에서 좋은 결과를 내는 학생들의 부모를 분석한 자료를 보면 우리 사회에서도 학교는 평등한 기회, 공정한 과정, 정의로운 결과를 얻을 수 있는 제도가 아니다. 학교가 계급을 재생산한다는 폴 윌리스의 지적은 지금 우리에게도 그대로 적용된다. 부모가 속한 계급이 자식들에게 대물림되는 현상은 바람직하지 않다. 학교는 누구나 평등하게 자신의 꿈을 실현할 수 있는 기회를 제공해야 한다. 성적으로만 줄을 세우는 사회, 대학 진학으로 인생이 결정되는 사회는 옳지 않다. 계급을 재생산하는 사회는 다양성을 잃고 회복 탄력성을 상실할 수밖에 없다.

연우는 대학 입학 후 또 다른 세상을 만났다. 주말에 집 근처 카페에서 아르바이트를 시작했고 경제학 전공 수업을

★ 폴 윌리스, 『학교와 계급 재생산』, 김찬호·김영훈 옮김, 이매진, 2004, 38쪽.

들으면서 부모의 직업과 사회적 지위, 친구들의 용돈과 일상 생활, 정치와 사회적 이슈에 관심을 갖기 시작했다. 스무 살이 될 때까지 쓸데없는 공부를 했다고 생각하진 않지만 자신의 취향과 성격에 맞는 진로와 직업을 진지하게 고민할 기회가 없었다는 생각이 든다. 앞으로 어떤 일을 하며 어떻게 살아야 할지 지금부터 새로운 고민을 시작했다. 그동안 대학 진학이 거의 유일한 목표였다면 이제는 전혀 다른 삶의 길을 준비하고 선택해야 하는 상황이다. 처음부터 다시 시작하는 기분은 낯설고 두렵기만 하다. 또다시 취업을 위해 올인하는 대학생활을 해야 하는 건지 혼란스럽다. 만약 사는 지역, 부모의 직업, 경제적 수준이 달랐다면 연우가 꿈꾸는 삶의 방향과 목표도 달라지지 않았을까.

이런 현실에서 공부가 자신의 인생을 바꿔줄 거라는 생각은 환상일지도 모른다. 상상할 수 없는 비용이 드는 사교육, 세계적인 수준의 등록금, 절망적인 청년 실업률로 대표되는 우리의 현실에서는 '국영수' 점수를 위한 공부가 아니라 나와 우리의 삶이 왜 이럴 수밖에 없는지에 대해 고민하고 성찰하는 공부가 더 필요해 보인다. 공무원과 대기업이 아닌 직업을 꿈꿔도 먹고사는 데 지장 없는 행복한 세상은 불가능할까.

학교 공부와
세상살이

전국의 모든 초중고는 국가 수준의 교육과정에 따라 만든 교과서를 사용한다. 검정교과서의 경우 출판사마다 내용이 다른 것처럼 보이지만 기본 틀과 내용은 대동소이하다. 대한민국에서 태어나 고등학교까지 충실하게 교육과정을 마치고 나면 국가가 요구하는 사람으로 잘 길들여졌다는 뜻이기도 하다. 학생들은 국가관과 공동체의 가치관을 내면화하고 자신의 역할과 능력에 따라 진학과 진로를 선택한다고 믿는다. 대체로 순종적이고 모범적인 학생들이 좋은 성적을 얻고 교사에게 인정받으며 상급학교 진학에도 유리하다.

　물론 치열한 경쟁과 자기 나름의 노력이 뒷받침돼야겠지만 기성세대가 요구하는 일반적인 틀에서 벗어나지 않는 것이 훨씬 유리하다. 독특한 아이디어, 창의적인 생각, 남들과 다른 행동을 하면 튀는 사람으로 낙인찍히기 십상이다. 하나의 질문에 단 하나의 정답을 찾는 객관식 문제를 통해 획일화된 사고는 새로운 도전과 낯선 환경에 적응하기 힘들다. 기존의 질서와 관습에 순종적인 태도는 문제의식을 부정적 태도로 오해하게 한다. 근본적인 원인을 묻는 '왜'라는 질문 대신 '어떻게'라는 방법을 찾는 게 살아가는 데 유리하다.

성공한 인생을 가늠하는 기준이 획일적인 사회는 성적으로 줄 서는 데 익숙한 학교를 만든다. 거기서는 나눔과 배려 대신 경쟁에서 승리하는 방법에 골몰한다. 직업을 결정하고 결혼하고 주택을 마련하고 아이를 교육시키는 과정에서 이런 태도는 끊임없이 확대 재생산된다. 다양성을 잃어버린 학교, 오로지 성적을 향해 달리는 학생, 자본의 논리로 정리되는 사회, 다양성을 잃어버린 세상에서 우리는 과연 행복할 수 있을까.

학교 공부는 수렴적 사고에 익숙한 사람의 손을 들어주는 체제다. 하지만 세상살이가 어디 그런가. 예측 불가능한 수많은 변수와 싸워야 한다. 사회에 진출해서도 마찬가지가 아닌가. 세상은 다양한 문제 상황에서 새로운 돌파구를 마련하고 새로운 방법으로 해결하려고 시도하는 자세를 요구한다. 하나의 질문에 좀 더 기발한 답을 내놓을 수 있는 사람이 필요하다. 현행 학교 체제와 교육 방식으로는 불가능에 가까운 요구다. 객관식 시험과 입시를 정점으로 한 학교 공부가 우리를 세상살이와 점점 더 멀어지게 하는 건 아닐까.

순응과 복종에 미묘한 보상이 따르는 학교, 시간과 노력이 아니라 자본을 투자해야 성적이 나오는 시스템, 개인보다는 집단과 전체가 우선이라는 질서 의식은 반反학교 문화를 형성한다. 군대, 감옥, 학교의 놀라운 유사성은 대한민국의 학교 공부를 짐작할 수 있게 한다. 인공지능 시대가 다가온다. 인간의 정보처리 능력은 보잘것없다. 낯설게 바라보고 새로운 도전을 하며 시행착오를 거쳐 창의적인 문제해결 능력을 기르는 학교 공부는 불가능한가. 이 질문에 대한 고민과 성찰이 학교 공부와 세상살이의 거리를 좁히는 지름길이다. 학교는 학생을 체제에 순응하는 사람으로 길들이고, 각자의 계급에 맞는 일을 선택하게 하는 훈련소가 아니다.

실제로 대학 진학 여부와 상관없이 대부분의 학생은 나중에 노동자로 살아간다. 대부분의 학생이 학교를 졸업하면 정신노동을 한다고 착각한다. 육체노동에 대한 혐오와 거부가 우리 사회를 더욱 어렵게 만드는 요소가 아닐까. 구의역에서 숨진 외주 직원, 태안 화력발전소에서 숨진 계약직 직원을 떠올려보자. '공장 가서 미싱 할래? 대학 가서 미팅 할래?' 같은 급훈이 교실에 내걸렸던 고3 교실의 풍경이 현실에서 재현된 모습일까. 과연 그들이 열심히 공부하지 않아서, 남들보다 치열하게 노력하지 않아서, 원하는 직업을 갖지 못해서 죽었을까. (이런 경우 영국은 '기업살인 처벌법'을 적용한다.)

이렇게 위험하고 어려운, 죽음으로 이어질 수 있는 일을 하는 사람이 따로 있다는 생각이 가능한 이유는 무엇일까. 안전사고와 산업재해에 둔감한 대한민국은 OECD 가입 국가 중 산재 사망률 1위다. 문제가 발생하면 근본 원인을 들여다보고 내 가족과 이웃의 삶을 위협하는 제도와 구조를 성찰하는 일이 학교에서는 불가능할까. 위험에 내몰리지 않는 방법으로 공부 열심히 해서 위험한 일을 하지 않는 직업을 갖는 게 아니라 이런 제도와 정책의 문제를 고쳐나갈 수 있는 사회 구성원이 되도록 교육할 수는 없을까.

학생들이 선망하는 직업은 성적에 따라 결정되는 경우가 많다. 학교를 열심히 다니는 것만으로 높은 성적을 받을 수 없는 현실에서, 공정한 경쟁은 불가능에 가깝다. 부모가 속한 계급에 따라 양육 조건, 생활환경, 교육 투자비 등이 달라지기 때문이다. 이러한 요소들은 학생의 진로와 직업에 결정적인 영향을 미치고, 결과적으로 계급이 대물림되는 현상을 유발한다.

별다른 대안이 없어서 학교에 다니며 보이지 않는 미래를 고민하는 학생들에게는 '논리적 사고'와 '현실적 대응'이 필요하다. 학교의 구조적 문제는 문화적 측면에서 오래 지속됐다. 정치적·제도적 측면에서 학교를 변화시키는 게 우선이지만, 학교 공부가 세상살이와 어떻게 멀어지는지 관찰하고 고민해보는 일도 필요하다. 학교에서는 인간과 세상에 대한 근본적인 사색과 고민이 필요하다. 승자 독식과 약육강식이 아니라 더불어 살아가는 지혜를 배울 수 있는 교육과정과 수업 방식은 얼마든지 가능하다. 정답을 강요하는 객관식 시험, 획일적인 지식을 강요하는 교과서, 입시 위주의 교육제도는 언제든 개선할 수 있는 문제다.

장기적인 안목으로 미래 사회를 대비하는 학교는 교사와 학생의 노력만으로 변화 발전하는 게 아니다. 제도 개선과 인식 전환이 우선이다. 각자의 이익을 위해 이기적인 목적으로 목소리를 높이는 순간 학교는 여전히 계급 재생산을 위한 도구로 전락할 수밖에 없을 것이다. 앎의 즐거움과 깨달음의 행복을 복원할 수 있는 배움의 과정을 다시 고민해야 한다. 학교와 공부 그리고 세상살이는 분절적인 영역이 아니라 한 사람의 일생에서 통합적으로 이루어져야 한다. 그것이 평생교육 사회이고, 책 읽는 시민사회이며, 교양 있는 국가의 품격이다.

나는 늘 넓은 호밀밭에서 꼬마들이 재밌게 놀고 있는
모습을 상상하곤 했어. 어린애들만 수천 명이 있을 뿐

주위에 어른이라고는 나밖에 없는 거야. 그리고 난 아득한 절벽 옆에 서 있어. 내가 할 일은 아이들이 절벽으로 떨어질 것 같으면, 재빨리 붙잡아주는 거야. 애들이란 앞뒤 생각 없이 마구 달리는 법이니까 말이야. 그럴 때 어딘가에서 내가 나타나서는 꼬마가 떨어지지 않도록 붙잡아주는 거지. 온종일 그 일만 하는 거야. 말하자면 호밀밭의 파수꾼이 되고 싶다고나 할까. 바보 같은 애기라는 건 알고 있어. 하지만 정말 내가 되고 싶은 건 그거야. 바보 같겠지만 말이야.★

미국의 시인 로버트 프로스트는 "오랜 세월이 지난 후 어디에선가/ 나는 한숨지으며 이야기할 것이다/ 숲속에 두 갈래 길이 있었고, 나는/ 사람들이 적게 간 길을 택했다고/ 그리고 그것이 내 모든 것을 바꾸어놓았다"라며 '가지 않은 길'을 걷겠다고 말했다. 직업도 없고 문단에서 인정받지도 못했던 그가 20대 중반에 쓴 시는 이제 전 세계인의 가슴에 닿았다. 프로스트처럼 소설 속 주인공 홀든도 어떤 길을 걸어야 할지 고민이 많았을 것이다. 공부가 아니면 안 되는 학

★ 제롬 데이비드 샐린저, 『호밀밭의 파수꾼』, 공경희 옮김, 민음사, 2001, 203쪽.

교, 대학이 아니면 성공할 수 없는 사회는 선택 자체가 불가능한 획일적 삶을 강요한다. 오로지 승자와 패자로 나누는 이분법으로 수많은 사람들의 일생을 평가할 수 있을까. 무지개처럼 저마다 다른 빛깔로 아름다운 삶을 살아갈 수는 없을까.

세상에 두 갈래 길만 있는 것은 아니다. 숲속을 걷다 보면 오솔길들이 서로 연결되어 있다. 홀든이 어떤 삶을 살아갈지 궁금한 만큼 우리도 타인과 자신을 비교하지 말고 어제와 오늘의 나를 돌아보고 미래의 나를 그려야 한다. 가슴이 두근거리는 일은 저마다 다르다. 즐거운 인생길이 모두 같은 모습일 순 없다. 학교 공부와 인생살이의 차이를 조금 줄일 수는 없을까. 내가 꿈꾸는 미래는 무엇일까. 그 일이 호밀밭의 파수꾼이면 어떤가.

다시,
미래를 위한 공부

'월급이 적은 쪽을 택하라, 내가 원하는 곳이 아니라 나를 필요로 하는 곳으로 가라, 승진의 기회가 거의 없는 곳을 택하라, 모든 조건이 갖추어진 곳을 피하고 처음부터 시작해야 하는 황무지를 택하라, 사람들이 앞다투어 모여드는 곳에 절대 가지 마라, 장래성이 전혀 없다고 생각되는 곳으로 가라, 사회적 존경 같은 것을 바라볼 수 없는 곳으로 가라, 한가운데가 아니라 가장자리로 가라, 부모나 아내나 약혼자가 결사반대하는 곳이면 틀림없다, 왕관이 아니라 단두대가 기다리는 곳으로 가라'라는 경남 거창고등학교의 '직업선택 10계명'은 도대체 무슨 뜻일까? 요즘 세상에 이 계명대로 직업을 선택할 사람은 없을 것이다. 다만 이 계명은 우리가 학교에 다니는 이유, 공부를 하는 목적에 대해서 다시 한 번 생각하게 한다.

학교를 졸업하고 취업을 해서도 자기계발 열풍에 한시도 마음이 편하지 않다. 영어 공부는 기본이고 업무 관련 교육을 받거나 여러 가지 자격시험 공부를 한다. 학교 공부와 다를 바 없는, 오로지 먹고살기 위한 준비는 얼마나 고통스러운가. 한 순간도 온전히 나를 풀어놓고 나를 행복하게 하는 공부를 한 적이 없다면 잠시 하늘을 보자. 먼 우주와 나 사이의 거리, 내 앞에 놓인 삶의 시간을 겸손하게 바라보자. 공부는 나와 세상에 대한 호기심이고 내 삶에 대한 질문이며 고민이다. 느린 발걸음으로 서점을 산책하고 바람을 따라 목적 없이 걷는 일이 오히려 미래를 위한 공부가 아닐까.

학교를 졸업해도 좋든 싫든 우리는 평생 공부하며 산다. 수학 문제를 풀고 영어 단어를 외우는 대신 새로운 지식과 정보를 습득하고 업무를 처리하고 삶의 문제를 해결하기 위해 고민한다. 인간과 세상의 가르침이 교과서의 지식보다 더 나을 때도 많다. 자기 삶을 위한 주체적이고 자발적인 공부는 학교를 떠나는 순간 비로소 시작된다. 같은 직업을 가지고 있더라도 사람의 인생은 저마다 다르다. 지식만이 아닌, 지혜를 얻는 공부를 계속하지 않으면 사는 대로 생각하게 된다. 끊임없는 독서와 사색이 필요한 이유다.

거창고등학교 교장이었던 전성은은 "21세기에 들어와서도 학교는 국가가 필요로 하는 직업군의 사람을 길러내는 일을 하고 있다. 학교는 인간이 필요로 하는 교육을 하는 곳이 아니다"*라고 비판한다. 매년 학교를 떠나는 청소년이 6만 명이 넘는다. 그들이 모두 '비행 청소년'은 아니다. 학교 밖에는 여러 형태의 대안 학교가 있고, 홈스쿨링도 있다. 성인들도 다양한 방법으로 평생교육을 받으며 살아간다.

인간이 성장하고 세상을 살아가는 방법을 배우고 익히

★ 전성은, 『왜 학교는 불행한가』, 메디치미디어, 2011, 48쪽.

기 위한 길이 학교 공부만 있는 건 아니다. 이반 일리치는 "누구나 학교 밖에서, 어떻게 살아갈 것인가를 배우게 된다. 우리들은 교사의 개입 없이 말하는 것, 생각하는 것, 사랑하는 것, 느끼는 것, 노는 것, 저주하는 것, 정치에 관여하는 것 및 일하는 것을 학습하는 것이다"*라고 말한다. 그는 학교가 오히려 한 인간의 자유로운 생각과 전인적인 성장을 방해하며, 빵틀에 찍어낸 듯 비슷하게 생각하고 행동하는 인간을 양산한다고 비판한다.

대학생인 연우는 지금까지 다닌 학교와 지금 다니고 있는 학교에서 배운 것들을 떠올려본다. 앞으로도 더 배우고 공부해야겠지만 앎의 세계는 끝이 없다고 생각한다. 학교 밖에서 만나는 사람들, 새로운 경험, 여행, 독서, 콘서트, 전시회 등 모든 게 살아 있는 공부라고 생각한다. 이제는 앎을 위한 공부가 아니라 삶을 위한 공부를 시작하고 싶다.

그간 학교에 다니면서 나는 어떤 인간으로 성장했는가. 지금의 나는 어떤 모습인가. 숫자와 스펙으로 보여줄 수 없는 나의 끼와 재능, 잠재력을 위한 공부는 무엇일까. 학교는 삶의 전부가 아니라 하나의 과정이다. 긴 마라톤의 최종 목

★ 이반 일리치, 『학교 없는 사회』, 심성보 옮김, 미토, 2004, 58쪽.

적지까지 준비운동을 했을 뿐이다. 이제 넓은 세상에서 본격적으로 달리고 있다면 뛰면서 물도 마시고 수건으로 땀도 닦고 좌우로 스치는 풍경도 즐겨보자. 맹목적으로 목적지를 향해 달리는 경주마는 달리는 것 자체가 얼마나 가슴 두근거리는 일인지, 뺨을 스치는 바람은 또 얼마나 시원한지 알지 못할 수도 있다. 인생은 결과가 아니라 과정이라는 말은 공부에도 그대로 적용된다.

함께 읽어볼 만한 책

강만길 외, 『공부의 시대』(전 5권), 창비, 2016.

고미숙, 『공부의 달인, 호모 쿵푸스』, 북드라망, 2012.

김선희, 『나를 공부할 시간』, 풀빛, 2016.

김종휘, 『대한민국 10대, 노는 것을 허하노라』, 양철북, 2010.

노엄 촘스키, 『실패한 교육과 거짓말』, 강주헌 옮김, 아침이슬, 2001.

앙토냉 질베르 세르티양주, 『공부하는 삶』, 이재만 옮김, 유유, 2013.

엄기호, 『교사도 학교가 두렵다』, 따비, 2013.

──, 『이것은 왜 청춘이 아니란 말인가』, 푸른숲, 2010.

엄기호·하지현, 『공부 중독』, 위고, 2015.

장정일, 『장정일의 공부』, 알에이치코리아, 2015.

전성은, 『왜 학교는 불행한가』, 메디치미디어, 2011.

정여울, 『공부할 권리』, 민음사, 2016.

조지 스웨인, 『공부책』, 윤태준 옮김, 유유, 2014.

폴 윌리스, 『학교와 계급 재생산』, 김찬호 옮김, 이매진, 2004.

필립 브라운 외, 『더 많이 공부하면 더 많이 벌게 될까』, 이혜진 외 옮김, 개마고
원, 2013.

여섯.

리더는 누구나 될 수 있지만
아무나 될 수는 없다

○   모든 사람은 리더의 위치에서 다른 사람에게 영향
을 미치며 산다. 우리는 때로는 리더의 눈으로 보고,
때로는 구성원의 입장에서 행동한다.

어디나 리더가 필요하고
누구나 리더가 된다

대통령으로 당선된 후 경비가 확실하고 호화로운 관저를 노숙자에게 내주고 근처 작은 아파트를 빌려 살며 일한 사람이 있다. 그의 전 재산은 20년이 넘은 낡은 자동차 한 대뿐인데도 월급의 90퍼센트를 NGO 단체에 기부했다. "세상 사람들이 왜 그렇게 호들갑인지 모르겠다. 내가 작은 집에 살고, 보잘것없는 살림살이에 낡은 자동차를 몰아서 뉴스거리가 되는가? 그렇다면 세상이 이상한 것이다. 왜냐하면 지극히 정상적인 일을 놀라워하고 있으니까"라고 말했던 사람은 바로 우루과이의 호세 무히카 전 대통령이다. 그는 대학 졸업장은 없었지만 독서광이었으며 퇴임 시 지지율이 65퍼센트를 넘었다. 왜 우리에겐 이런 리더가 없을까?

뿌리 깊은 유교적 전통은 대통령을 왕과 동일시한다. 당선되는 순간, 주권자인 국민이 주인이며 모든 권력은 국민으로부터 나온다는 사실을 금세 잊는다. 조직의 크기와 상관없이 일상생활에서도 비슷한 현상이 벌어진다. 작게는 가정, 크게는 학교와 직장, 지역사회에 이르기까지 자신이 속한 조직의 리더를 떠올려보자. 어쩌면 대통령보다 생활 속의 리더가 더 중요할 수 있다. 괜찮은 리더와 지내고 있는가? 거꾸로 리더에 대한 비판의 잣대를 고스란히 자신에게 대어보면 어떨까. 군림하지 않고 솔선수범하는지, 실수를 인정하는 용기를 갖췄는지 생각해보자. 훌륭한 리더를 만나기도 어렵겠지만 인정받는 리더가 되기도 어렵다.

재영은 정치에 관심이 많다. 정권에 따라 정책이 달라지고 일상생활에도 여러 가지 영향을 주기 때문이다. 유치원에 다니는 아이를 키우면서 직장 생활을 하는 그에게 육아, 교육정책은 일상생활에 직접적인 영향을 준다. 잘 뽑은 정치인 하나 열 공무원 안 부럽다. 그런데 직장에서는 후배들 때문에 골치가 아프다. 경력이 쌓이고 승진을 하니 생각보다 팀장의 역할이 만만치 않다. 신입사원이나 후배들에게 업무를 지시하고 임원들의 의견을 전달하고 조율하는 일이 쉽지 않다. 상사들 욕이나 하며 스트레스를 풀던 옛날이 그립기도 하다. 회사에서는 리더의 역할을 하고 아이에겐 절대적 존재로 살아가는 자신의 모습이 가끔 낯설기도 하다. 선택의 순간, 말 한마디와 행동 하나가 동료들과 회사 전체를 움직일 수도 있기 때문이다. 점점 신중하고 조심스러워진다. 급여가 오르고 권한이 많아진 대신 책임과 의무도 무겁다.

일상생활에서 우리는 크든 작든 여러 모임과 공동체에서 리더 역할을 하며 산다. 각종 동호회, 스포츠 클럽, 동기 모임, 동창회, 반상회, 부녀회에서부터 지자체, 정부에 이르기까지 리더는 조직의 운명을 가를 수도 있을 만큼 중요하다. 물론 모든 영광과 책임이 리더 한 사람에게 주어지는 전체주의, 권위주의적 발상은 위험하다. 구성원의 참여와 비판적 지지가 건강한 조직을 만든다.

과거 독일의 히틀러나 이탈리아의 무솔리니는 영웅적 리더십을 기대한 국민들이 만들어낸 괴물이다. 20세기 초 유럽을 휩쓸었던 나치즘과 파시즘은 리더십과 군중심리에 대해 우리에게 시사하는 바가 크다. 과거 군주제와 제국주의 국가에서 리더는 절대 권력을 가졌다. 민주주의는 근본적으로 이와 다른 제도지만, 리더의 역할과 의미는 마찬가지로 중요하다. 우리가 겪은 대통령, 국회의원을 떠올려보자. 국민을 대표하는 역할을 한다는 명목으로 우리 삶에 어떤 영향을 끼쳤는지 말이다. 국가 차원의 조직이 아니더라도 생활 속에서 어떤 리더를 만나느냐에 따라, 혹은 내가 어떤 리더가 되느냐에 따라 삶의 질이 달라진다.

불과 100여 년 전까지만 해도 남극과 북극에 가본 사람은 아무도 없었다. 1909년, 미국 해군 소속의 로버트 피어리가 최초로 북극점에 도달했다. 이 소식을 들은 노르웨이 탐험가 로알드 아문센은 계획했던 북극 탐험을 포기하고 남극 탐험에 나선다. 1911년 12월 14일, 그는 드디어 영국의 로버트 스콧보다 먼저 남극점에 깃발을 꽂았다.

이 일로 자존심이 상한 영국의 탐험가 어니스트 섀클턴은 여러 분야의 과학자, 선원 등 27명을 이끌고 1914년에 최초로 남극 횡단에 나선다. 시작은 순조로웠지만, 목적지를 150킬로미터 앞두고 남위 74도 지점의 악명 높은 웨들해에서 부빙, 즉 물 위를 떠다니는 얼음덩이에 갇힌다. 부빙 위에 표류한 10개월 동안 식량이 바닥나 대원들은 물개와 펭귄을 잡아먹으면서 버텼고, 동상으로 발이 썩었다. 배가 부서지자 대원들은 세 대의 보트에 나눠 타고 항해를 계속했다. 섀클턴은 5개월을 바다 위에서 헤매다 엘리펀트섬에 도착했지만, 나머지 대원들을 구조하기 위해 다시 길을 떠난다. 그는 길이 6미터의 구명용 보트를 타고 세상에서 가장 거칠고 험한 드레이크 해협을 통과했으며, 인간의 발길이 닿지 않은 사우스조지아섬을 두 명의 대원과 함께 헤쳐나갔다. 결국 537일 만에 3명을 제외한 모든 대원을 구해냈다. 비록 남극 횡단에는 실패했지만 섀클턴은 그가 타고 떠난 배 이름인 '인듀어런스Endurance'처럼 인내와 불굴의 의지를 보여줬다. 이 사건은 수많은 책과 영화로 소개되었고, 지금도 여전히 리더의 자기희생과 책임 의식에 대한 교훈을 전한다.

모든 구성원의 의견이 잘 반영되고 서로 원만하게 합의를 이루는 조직은 많지 않다. 각자 생각이 다를 수 있고 갈등이 생길 수 있기 때문에, 크고 작은 비공식 조직에서도 리더의 역할은 매우 중요하다. 리더는 구성원들의 협력을 이끌어내고 갈등을 조정하는 등의 문제 해결 능력, 위기 극복 의지를 갖춰야 한다. 우리가 잊지 말아야 할 것은 모든 사람은 리더의 위치에서 다른 사람에게 영향을 미치며 산다는 사실이다. 우리는 때로는 리더의 눈으로 보고, 때로는 구성원의 입장에서 행동한다. 공적 조직이든 사적 모임이든 크게 다를 바 없다. 나는 어떤 리더와 지내고 있으며 또 어떤 모습으로 구성원의 역할을 하고 있을까?

학교에서는 반장, 담임, 교장이 리더다. 사회에는 기업과 공공 기관, 사회단체 등 수많은 조직의 단위마다 리더가 있다. 지방자치단체장과 국회의원, 대통령 등 국가조직의 리더는 우리 일상을 좌우하는 중요한 선택과 결정을 한다. 정치, 경제, 사회, 교육, 문화, 예술 분야에 이르기까지 다양한 형태로 이들의 리더십은 영향력을 발휘한다. 리더가 모든 책임과 권한을 갖는 것은 아니지만, 그들이 우리 삶의 행복과 불행을 좌우할 수도 있다는 사실은 틀림없다.

점심 메뉴를 고르거나 여행지를 선택할 때도 토론을 하고 의견이 분분하면 투표를 한다. 우리는 이렇게 민주적인 의사 결정 방식에 익숙하지만 때때로 윗사람의 눈치를 보거나 리더의 한마디에 따를 때도 있다. 물론 자신이 그 역할을 할 경우도 있어서, 카리스마가 필요할 때도 있고 포용력을 발휘해야 할 때도 있다. 리더가 합리적인 판단력과 일을 추진하는 실천 능력까지 갖췄다면 더 바랄 것이 없다. 시대에 따라 우리에게 필요한 리더의 모습은 조금씩 달라졌다. 리더는 시간과 장소, 모임과 조직의 성격에 따라 적절한 능력과 자질을 갖춰야 한다. 그래서 누구나 리더가 될 수 있지만 아무나 리더가 되면 곤란하다.

마키아벨리는
왜 『군주론』을 썼나

아주 먼 옛날에는 물리적 힘만으로 리더가 될 수 있었다. 그러나 지금 우리는 자본축적의 시대를 살고 있다. 대한민국은 정치권력과 경제권력이 자웅동체처럼 한 몸으로 움직여왔다. 정경유착으로 누구에게 이익이 돌아갔고 누가 손해를 보았을까? 나도 거기에 끼고 싶다는 욕망과 내 자식만은 그들처럼 살았으면 싶은 소망!

계급 구분이 뚜렷했던 시대를 살던 사람들은 덜 불행했을까? 욕망의 크기가 태생적으로 정해져 있으니 그 이상을 꿈꾸지 않았을 테니까. 하지만 지금은 다르다. 평등과 자유라는 알약을 복용하며 누구나 무엇이든 가질 수 있다고 착각하며 자신을 다그친다. 게으름 탓이라고, 나도 성공할 수 있다고 최면을 건다. 자본이 곧 권력인 세상에서 리더의 기회는 누구에게나 열려 있다. 리더가 세습되지 않는 시대가 온 것이다. 신분제도가 사라진 시대에 리더는 곧 권력이고 자본이라는 사실을 부정하기 어렵다.

잠시 고전의 지혜를 빌려 500여 년 전 이탈리아의 정치인 니콜로 마키아벨리의 『군주론』을 뒤적여보자. 인간은 왜 다른 사람을 지배하려 하는 것일까. 모두가 평등한 세상, 지배와 복종이 불필요한 세상은 불가능한가. 인류가 군집 생활을 하던 원시시대부터 상황에 따라 리더의 역할과 기능이 달라졌고 지배 관계의 양상도 바뀌었다. 지금은 전 세계 대부분의 국가가 민주주의라는 정치체제를 선택하고 있지만, 사실 그 역사는 그리 길지 않다. 겨우 몇백 년 전만 해도 다양한 형태의 군주제가 세상을 지배했다.

『군주론』은 르네상스 시대 이탈리아의 역사적, 정치적 맥락에서 탄생한 리더십 지침서다. 시대 변화에 따라 리더의 모습이 어떻게 달라져야 하는지 살펴보려면 당대의 역사적 상황을 먼저 알아야 한다. 니콜로 마키아벨리는 16세기 이탈리아의 관료이자 외교관이었다. 그는 29세에 피렌체 공화국 최고 권력기관의 서기장이었으며 프랑스, 독일, 로마 등지에 외교 사절단으로 파견됐을 만큼 탁월한 지략가였다.

1512년, 교황이 에스파냐와 동맹을 맺고 프랑스와 대결하는 일이 벌어졌다. 이 과정에서 프랑스와 가까웠던 피렌체가 에스파냐군에게 유린당했다. 에스파냐는 단순히 피렌체를 점령했을 뿐 아니라, 그들 쪽으로 망명한 피렌체의 옛 지배자인 메디치 가문*을 복귀시켰다. 이때 마키아벨리는 메디치 가문을 노린 음모에 가담한 죄로 투옥되어 고문을 받기도 했다. 감옥에서 풀려난 그는 피렌체 근교의 작은 시골 농장에 은둔하며 저술에 몰두했다. 말하자면 『군주론』은 정치인의 욕망이 담긴 와신상담의 결과물이다. 마키아벨리는 당시 유럽의 판세를 분석하고 군주제의 장단점을 정확히 짚어가며 리더의 역할과 의미를 하나하나 따져 묻는다. 그 목적이 자신의 정계 복귀였음은 두말할 필요도 없다. 시대 변화에 따른 리더십을 주장하며 새로운 시대에 걸맞은 통치론을 주장했던 것이다.

아이러니하게도 메디치가의 집권으로 권력의 중심부에서 멀어진 그는 「위대한 로렌초 데 메디치 전하께 올리는 글」로 서문을 대신한 헌사를 썼다. 메디치가에 충성을 맹세하며 한 권의 소책자를 선물하는 마키아벨리의 심정은 비장했다. 현실 정치에 복귀하고 싶은 욕망을 숨기지 않았던 것이다. 하지만 불행하게도 메디치는 이 책을 거들떠보지도 않았다. 더구나 1559년에 교황청은 마키아벨리의 책들을 금서목록에 올렸고, 종교개혁의 전면에 나선 사람들도 마키아벨리의 책을 읽는 사람들을 비판했다.

★ 르네상스 시기의 이탈리아의 명가(名家). 피렌체의 지배자로 13세기 말부터 동방 무역과 금융업으로 번성했으며, 문예를 보호·장려해 르네상스에 크게 공헌했다. 군주, 교황 등을 배출했으나 18세기에 가계가 단절되었다.

마키아벨리즘이 목적을 위해 수단과 방법을 가리지 않는 비열한 태도라는 편견과 오해는 이때부터 시작되었다. 당대의 정치철학과 도덕적 가치에 비추어 보면 오해가 아니라 마땅한 비판이었을 것이다. 절박했던 마키아벨리는 권력을 거머쥐고 지속 가능한 군주국의 군주가 되는 가장 현실적 방법을 제시했지만 성공하지 못했다. 그럴듯한 윤리와 명분을 내세워 군주국을 유지하며 전통과 명예를 중시했던 당대 정치의 가면을 벗기려는 시도는 오히려 비난을 받았다. 그러나 시간이 흐르면서 점차 마키아벨리를 근대 민주주의와 공화주의의 선구자로 보는 해석이 많아졌다. 시대가 바뀌자 관점이 달라진 것이다.

　　마키아벨리는 처음부터 공화국이 아닌 군주국에 대한 관심을 드러냈다. 그는 군주국을 다시 세습 군주국과 신생 군주국으로 나눴다. 세습 군주국은 글자 그대로 군주의 자리를 아버지에게 물려받았기 때문에 국가를 꾸려가는 데 별다른 어려움이 없다. 하지만 신생 군주국은 이야기가 다르다. 신생 군주국은 기존 세습 군주국을 병합한 혼합 군주국과 완전히 새로운 군주국으로 나눌 수 있다. 마키아벨리는 아무런 토대가 마련되어 있지 않은, 완벽하게 새로운 군주국의 건설에 관심을 쏟았다.

그는 이것을 다시 둘로 나눈다. '자신의 군대와 비르투 virtu로 세운 국가'와 '용병과 포르투나fortuna로 세운 국가'다. '비르투'는 미덕virtue의 어원으로, 신생 군주가 갖춰야 할 덕목을 가리키는 힘, 역량, 능력, 활력, 에너지, 용기, 과감성 등을 의미한다. 이에 비해 '포르투나'는 비르투 영역을 벗어난 운 또는 어떤 비합리적인 힘을 뜻한다. 마지막으로 오직 무자비한 폭력에 의한 경우와 시민들의 동의를 얻은 경우를 대비시켜 후자를 시민 군주국으로 명명한다. 결국 마키아벨리는 시민 군주국으로 자신의 관심을 집중한다. 그 이유가 무엇일까?

　마키아벨리는 단순히 권력을 유지하기 위한 냉철함을

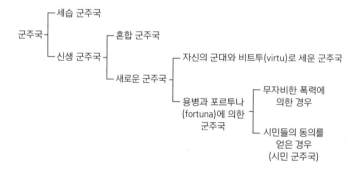

〈마키아벨리가 구분한 군주국의 형태〉

　여섯 ○ 리더는 누구나 될 수 있지만 아무나 될 수는 없다

군주의 태도로 요구한 것이 아니다. "시민들의 덕이 그 국가의 유지와 번영의 관건"이라는 주장이 이를 뒷받침한다. 15~16세기 영국, 프랑스, 에스파냐 등은 강력한 왕권을 중심으로 국민국가로 발전해나갔다. 하지만 이탈리아는 구심점이 없어 분열과 혼란에서 벗어나지 못한 상태였다. 군주국, 공화국, 로마 교황청 등이 서로 대립하고 전쟁을 벌이는 이탈리아에서 당장 필요한 존재는 강력한 통일 군주였을지도 모른다. 마키아벨리는 이런 상황에서 『군주론』을 통해 당대의 시대적 상황을 고찰하고 현실 정치의 모습을 분석하면서 새로운 조국의 미래를 제시했다. 비록 메디치가에 헌납하는 형식의 소책자지만, 당대의 역사와 정치, 변화의 흐름을 직접 체험해서 얻은 통찰을 담고 있다.

지금도 마찬가지 아닌가. 수많은 정치 평론가, 전문가를 자처하는 사람들이 방송과 각종 매체에서 현실 정치에 대한 비판과 조언을 24시간 쏟아낸다. 저마다 '마키아벨리'가 되어 상황을 분석하고 미래를 전망한다. 하지만 그들이 말하는 리더의 조건과 역할은 이념의 잣대에 따라 달라서, 대개는 정당의 정책과 정치인의 활동을 객관적으로 검증하고 리더로서의 자질을 정확히 판단하는 데 실패한다. 그것은 아마도 인간과 세상을 보는 관점이 각자 다르기 때문일 것이다.

유권자의 입장에서도 정치와 경제 그리고 사회가 지향해야 할 방향과 목적에 대한 생각이 다르다. 사람들은 보수와 진보를 넘어 개인적 이익, 가부장적인 가족 내 역할, 사회적 지위와 계층에 따라 모순된 언행을 보이며 사안에 따라 다른 반응을 보인다. 국회의원과 선출직 공무원은 국민의 선택을 받아야 한다. 그 선택은 리더로서의 자격을 묻는 통과의례다. 개인의 도덕성과 취향이 아니라 정치적 책무성, 민주 시민으로서의 의무, 사회의 지향점이 우선적으로 검증돼야 한다. 다수가 아닌 소수를 위한 정책, 특정 계층을 위한 입법 행위, 기득권의 이익을 보호하는 태도를 가진 리더를 뽑았다면 그 책임은 유권자에게 있다. 리더에게 돌을 던지는 대신 먼저 거울을 봐야 한다. 우리 사회의 리더가 바로 우리의 자화상이다.

개별 기업의 오너, 각 부서의 팀장은 목표와 지향점이 뚜렷하다. 실적과 성장이 지표로 나타나는 경우가 많기 때문이다. 정치와 사회 분야의 리더는 이와는 조금 다르다. 권력을 쥐고 유지하기 위한 리더십이 아니라 시대정신과 구성원 전체의 삶을 생각하는 21세기형 리더십이 요구되기 때문이다. 그러나 대체로 직업인으로서 정치인은 지역구 관리, 정치적 입지를 더 중요시한다. 대의명분은 자기 이익에 부합할 때나 내세운다. 유권자의 감시와 비판 기능이 사라진 자리에는 독버섯이 피어난다. 당리당략만 따르거나 개인적 이익을 좇는 정치인을 걸러내는 역할은 국민의 권리이자 의무다. 시간이 흘러도 변하지 않는 리더의 덕목과 자질도 분명 존재한다. 시대를 관통하는 리더의 조건은 무엇일까.

사자의 용기와 여우의 지혜를 두루 갖춰야 한다

우리가 '리더' 하면 떠올리는 생각은 선거, 투표, 정치, 국회의원, 대통령 등이다. 하지만 모든 사람이 리더의 역할을 한다는 사실을 다시 한 번 자각해야 한다. 어느 자리에서든 우리는 '을'이면서 또 '갑'이다. 권력과 자본을 가진 자들의 '갑질' 관련 기사에 분노하면서, 조금만 늦어도 참지 못하고 짜장면이나 피자를 배달하는 사람에게 화를 낸다. 노동자의 권리를 주장하면서도 손님일 때는 왕이 되고 싶어 하는 것이다. 타인을 향한 손가락질의 방향을 자신에게도 적용할 때 괜찮은 리더를 만날 수도 있지 않을까? 그리고 스스로 괜찮은 리더로 거듭날 수 있지 않을까?

"개혁자들은 개혁을 수행하는 데 많은 어려움을 겪게 되고 집행하는 데 있어서도 수많은 위험에 직면하지만, 자신의 능력을 통해 그것들을 극복해내야만" 한다는 마키아벨리의 말은 지금도 유효하다. 어떤 조직이든 리더가 바뀔 때마다 변화와 혁신을 강조한다. 박근혜 정부에서 문재인 정부로의 전환 과정도 그러하다. 현실 정치를 바라보는 각각의 눈과 별개로 모든 정치 지도자들은 개혁을 부르짖는다. 이들은 완고한 기득권에 가로막히거나 기존 질서와 타협하며 자기 길을 걷고 그 결과를 또다시 평가받는다.

일상에서도 마찬가지다. 어떤 리더든 일단 시련을 극복하고 사람들에게 존경받기 시작하면, 성공을 시기하는 세력을 제거함으로써 안정적인 상태를 유지할 수 있다. 이는 기득권을 유지하려는 세력과 새로운 변화를 추구하는 세력이 여전히 갈등하는 21세기 대한민국에도 그대로 적용된다. 가진 것을 내놓지 않으려는 사람들과 자유롭고 평등한 세상을 외치는 사람들 사이에는 갈등이 생기기 마련이다. 공정한 경쟁, 정의로운 사회는 그렇지 못한 상태에서 이익을 취한 사람들에게는 불공정하고 정의롭지 못한 세상으로 보인다. 합리적으로 문제를 해결하고 갈등을 조정하며 대다수 국민이 살 만한 세상으로 이끄는 리더는 우리 시대에도 반드시 필요하다. 그러한 리더는 저절로 태어나는 게 아니라 시대적 요구에 따라 만들어진다.

리더는 외롭고 고독한 승부사가 되어야 한다. 리더는 양시론兩是論과 양비론兩非論을 경계해야 한다. 과감한 결단력도 없이 모두에게 좋은 사람이 되려는 사람은 리더의 자격이 없다. 마키아벨리는 "한 국가를 탈취한 정복자는 실행할 필요가 있는 모든 가해 행위들을 단번에 실행하고 매일 거듭되지 않도록 해야 된다"고 충고한다. 그리고 "은혜는 아주 조금씩 천천히 베풀어야 제대로 만끽할 수 있는 것"이라는 조언도 잊지 않는다. 조직이나 국가에서 리더가 바뀌면 기득권을 가진 사람들이 손해를 볼 수 있다. 따라서 과감한 조치는 단번에 취하고, 변화와 개혁의 결실을 조금씩 느낄 수 있도록 하라는 의미다. 이는 군주국이든 공화국이든 리더가 갖춰야 할 공통 덕목이다. 과감한 추진력과 순간적 판단력을 발휘하면서도 구성원 전체의 목소리에 귀 기울이고 상처받은 사람들을 어루만지는 태도가 필요하다.

모든 사람에게 좋은 사람이 되고 싶은 리더, 아무한테도 욕먹고 싶지 않은 리더는 자격 미달이다. 자신의 정치적 입지만을 생각하는 정치인, 다시 금배지를 다는 게 목적인 국회의원, 승진을 위해 일하는 공무원은 리더의 자격이 없다.

두 사람만 모여도 서로 의견이 달라 갈등이 생긴다. 통합과 조정을 거쳐 합리적이고 이성적인 결과를 이끌어내고 개인과 조직이 함께 성장할 수 있는 최선의 방법을 찾아가는 리더는 누구보다 고독하고 힘든 법이다. 때로는 반대편에 선 사람들에게 원망을 듣고 때로는 같은 편에서 욕을 먹기도 한다. 모든 사람이 만족하고 누구나 칭찬하는 리더는 전체주의 국가에서도 불가능하다.

모 기업 회장의 '갑질'로 인터넷이 한때 떠들썩했다. 가진 자가 누리는 특권과 '갑질'은 어떻게 다를까. 누군가는 이렇게 생각하기도 한다. 열심히 공부하고 땀 흘려 일하는 이유가 남들보다 더 높은 지위와 넉넉한 수입을 보장받기 위한 게 아닌가. 그에 따른 권리도 존중되어야 하는 게 아닐까. 그들은 왜 사람들이 갑질에 이렇게까지 분노하는지 이해하지 못한다.

오너 자녀라는 이유만으로 경영권 세습이 이루어지는 나라가 대한민국이다. 그들이 전문 경영인보다 능력이 뛰어나기 때문일까? 소유와 경영이 분리되지 않는 대한민국 기업이 경쟁력을 가질 수 있는 건 국가의 정책적 지원 때문이 아닐까. 이런 세태는 우리 사회의 큰 문제다. 대기업 회장이 아니더라도 탈세를 일삼는 사람들이 그들을 욕할 자격이 있을까. 사장이 아니더라도 임원, 부장, 과장, 대리는 부하 직원에게 리더로서 인정받고 있을까.

이상적인 리더는 다수의 구성원에게 지지를 받고 좋은 관계를 유지한다. 그러나 구성원들의 갈등과 이해관계를 적절하게 조절하지 못하는 우유부단한 리더, 결정을 미루고 다른 사람에게 책임을 떠넘기는 리더, 과감한 결정의 순간에도 눈치만 보는 리더는 결코 환영받지 못한다. 대화와 타협을 통해 구성원의 통합을 위해 노력하는 것도 중요하지만, 합리적으로 판단하고 그 결정을 받아들이지 못하는 사람들을 설득하는 능력도 리더가 갖춰야 할 매우 중요한 조건이다. 우리 주변의 정치인, 생활 속의 리더를 떠올려보자. 그들은 리더로서 어떤 덕목을 갖추고 있는가.

우리는 정치인뿐 아니라 각자가 속한 조직에서 다양한 리더를 만난다. 전체를 살피지 못하고 좁은 시야로 이기적인 주장을 내세우는 사람, 타인의 의견을 무시한 채 자기 목소리만 높이는 사람, 손익을 계산하며 이해관계를 저울질하는 사람들 사이에서 모두에게 박수 받는 리더는 현실적으로 불가능에 가깝다. 우루과이의 호세 무히카 전 대통령도 손가락질을 받으며 비난을 견뎌야 하는 정책이 많았다. 다수를 위해 희생하고 책임지는 리더라도 개인적인 행복과는 거리가 멀다. 당신은 지금 어떤 리더인가. 또 어떤 리더가 되고 싶은가. 물론 평가는 함께 생활하고 일하는 사람들의 몫이다.

리더는 사자처럼 용기 있게 결단력을 갖춰야 할 때도 있고, 조정하고 협력하고 설득하는 여우의 지혜를 갖춰야 할 때도 있다. 변함없는 한 가지 태도로 비슷한 생각을 가진 사람들에게만 지지를 받는 리더보다 우리에겐 조직 전체를 생각하며 상황에 따라 다수를 위한 결정을 내리고 구성원에게 이해와 협조를 구할 줄 아는 리더가 필요하다. 그 조직의 크기와 성격과 무관하게 리더의 능력과 역할은 상황에 따라 다를 수밖에 없다. 유연한 사고, 문제 해결 능력, 합리적 조정 능력, 따뜻한 마음과 공감 능력 등 우리가 바라는 리더의 조건은 헤아릴 수 없이 많다. 조직과 구성원의 특성에 따라 반드시 갖춰야 할 능력이 다르다. 이에 따라 리더의 자격은 조금씩 달라진다.

현대사회에서는 선거를 통해 우리가 원하는 리더를 선택한다. 선거철에만 90도로 허리를 숙이는 정치인, 부자와 특권층을 위해 일하는 리더를 걸러내지 못하면 바로 우리의 삶이 망가진다. 생활이 정치고, 정치가 곧 생활이다. 투표만 제대로 하면 저절로 행복해진다는 생각은 어리석다. 어떤 조직이나 공동체든 가장 중요한 것은 구성원들의 주인 의식이다. 이 나라의 주인은 바로 나라는 생각, 내가 뽑은 리더를 지속적으로 감시하고 비판하지 않으면 리더는 언제든 개인의 이익과 욕망을 쫓는다. 조직과 공동체를 배신하는 일은 언제든 벌어질 수 있다. 아주 작은 모임도 다르지 않다. 민주적인 절차에 의해 리더를 선출하고 비판과 감시를 게을리하지 않는 것이 각자의 역할과 의무다.

앞서 이야기했듯 누구나 살아가면서 리더를 뽑고, 때로는 자신이 리더가 될 수도 있다. 우리는 리더로서 그리고 구성원으로서 역할을 다하며 권리와 의무를 실천하고 있을까. 운명을 한탄하느니, 리더의 목을 조르고 스스로 리더가 되어보는 건 어떨까.

리더가 아닌 자
누구인가

세상을 살아가면서 리더의 역할을 한 번도 맡아보지 않을 사람은 없다. 구성원이 많든 적든 조직의 리더에게는 권한과 책임이 생긴다. '어떤 리더가 될 것인가'의 문제는 개인의 고민일 뿐 아니라 사회적으로도 중요한 의제다. 리더의 생각과 결정은 많은 사람에게 큰 영향을 주기 때문이다. 박홍규는 "리더는 사회적인 자각에 의해 탄생한다. 개인적인 자각으로 자기가 좋아하는 일에 매진해 성공하고 사람들을 거느리게 되어 리더가 되기도 하지만, 진정한 리더의 자각은 사회적 자각이나 민족적 자각 또는 국가적 자각에 의해 탄생한다"[*] 라고 주장한다. 로자 파크스의 버스 보이콧 운동[**]이나 마하트마 간디의 인종차별 철폐를 위한 노력 등은 사회적 자각에서 출발한 리더십이다.

많은 사람이 한 사람을 맹목적으로 추종하는 것은 위험하다. 하지만 따를 만한 리더가 없는 사회는 더 심각하다. 생활 속의 리더가 더 큰 조직의 리더가 된다. 리더는 태어나는 것이 아니라 만들어진다. 과거의 언행을 보면 미래가 보인다. 괜찮은 리더를 선택하는 일은 생각보다 어렵지 않다. 그러나 선택 이후에도 선택한 사람들의 관심과 감시는 매우 중요하다. 리더십은 리더가 발휘하는 게 아니라 구성원이 이끌

---

[*] 박홍규, 『리더의 철학』, 21세기북스, 2012, 151쪽.

[**] 로자 파크스(Rosa Parks)는 아프리카계 미국인 민권운동가로, '현대 민권운동의 어머니'로 불린다. 1955년 그녀는 백인 승객에게 자리를 양보하라는 버스 운전사의 지시를 거부했고, 그것 때문에 경찰에 체포되었다. 이 사건은 382일 동안 계속된 '몽고메리 버스 보이콧'으로 이어졌고 인종 분리에 저항하는 큰 규모의 운동으로 번져나갔다.

어내야 하는 조직의 힘이다.

남들보다 탁월한 능력으로 리더가 되는 경우도 있지만, 인간적인 면이나 다른 상황 때문에 리더가 되는 사람도 있다. 스스로 리더가 되길 원하는 사람도 많지만, 원하지 않아도 리더의 역할을 해야 할 때가 있다. 위기 상황에서 필요한 리더십은 일상생활의 도덕적 기준, 종교적 교리와 다르다.

난세에 영웅이 나온다. 히틀러나 무솔리니처럼 잘못된 선택을 하는 경우도 있지만 리더 한 명이 조직 전체를 혁신하고 구성원을 행복하게 할 수도 있다는 사실을 우리는 잘 알고 있다. 개인적인 이익을 먼저 챙기거나 소수의 의견에 집중하고 결단력이 없는 리더를 따르고 싶은 사람은 아무도 없다. 구성원의 입장에서 생각해보면 훌륭한 리더의 조건과 자질이 무엇인지 어렵지 않게 답을 얻을 수 있다.

폭넓은 시야, 문제의 본질을 꿰뚫어 보는 통찰력이 리더의 필수 조건이다. 한곳에 집중하지 말고 전체를 아우를 수 있는 눈과 다양한 의견을 들을 수 있는 귀, 모든 상황을 정확하게 파악하고 결정할 수 있는 판단력은 우리가 바라는 리더의 조건이 아닐까? 책임지지 않는 리더, 자신과 주변 사람들의 이익만 챙기는 리더, 구성원을 배려하지 않는 리더 등 우리 주변에는 자격 없는 리더가 너무 많다. 리더는 아무나 하

면 안 된다. 자신이 속한 조직과 공동체의 리더를 떠올려보
자. 내 잘못이 아니라고 말하지 말자. 구성원의 반응과 상황
에 따라 리더의 생각과 행동도 달라진다. 당신은 어떤 리더
가 되고 싶은가. 호랑이? 여우?

함께 읽어볼 만한 책

데이비드 D. 번즈, 『관계 수업』, 차익종 옮김, 흐름출판, 2015.

데일 카네기, 『카네기 인간관계론』, 최염순 옮김, 씨앗을뿌리는사람, 2004.

레프 톨스토이, 『국가는 폭력이다』, 조윤정 옮김, 달팽이출판, 2008.

박홍규, 『리더의 철학』, 21세기북스, 2012.

손무, 『손자병법』, 김원중 옮김, 휴머니스트, 2016.

알프레드 랜싱, 『섀클턴의 위대한 항해』, 유혜경 옮김, 뜨인돌, 2001.

오긍, 『정관정요』, 김원중 옮김, 휴머니스트, 2016.

유시민, 『국가란 무엇인가』, 돌베개, 2017.

이민규, 『끌리는 사람은 1%가 다르다』, 더난출판, 2005.

존 로크, 『통치론』, 강정인 외 옮김, 까치, 2007.

플라톤, 『국가』, 천병희 옮김, 숲, 2013.

하지현, 『관계의 재구성』, 궁리, 2006.

헨리 데이비드 소로, 『시민의 불복종』, 강승영 옮김, 은행나무, 2017.

홍사중, 『리더와 보스』, 사계절, 2015.

SBS 스페셜 '리더의 조건' 제작팀, 『리더의 조건』, 북하우스, 2013.

일곱 ○

숨 쉬는 공기마저 정치적인 우리 삶

○ 　탁월한 능력을 가진 정치 지도자가 나타나 우매한
국민을 다스리고 온 세상을 행복하게 만들어줄 것
이라는 착각이 히틀러를 만들었다. 영웅이나 괴물은
태어나는 게 아니라 만들어지는 것이다.

정치는
생활이다

"피청구인 대통령 박근혜를 파면한다." 헌법재판소장 권한
대행 이정미 재판관의 단호한 목소리가 전국에 울려퍼졌다.
그 한마디에 누군가는 환호했고, 다른 누군가는 눈물을 흘렸
다. 탄핵소추안이 국회에서 통과된 지 석 달 만에 박근혜 전
대통령은 구속 수감되어 실형을 선고받았다. 대한민국 헌정
사상 초유의 사태가 벌어진 근본적인 이유는 무엇이었을까?
2016년 겨울에서 2017년 봄 사이에 달라진 건 단 하나 국민
들의 관심과 참여였다. 연인원 1,000만 명이 넘는 시민들이
집회에 참석했다. 전국에 들불처럼 번진 촛불은 하나로 뭉친

민주 시민의 상징이었다. 여야를 막론하고 국회의원들은 국민들의 분노와 압박을 견디지 못하고 탄핵안을 가결시켰고, 헌법재판소는 대통령 탄핵을 인용했다. 정치의 주인은, 대한민국의 주권은 우리에게 있음을 다시 한 번 확인하는 기회가 된 사건이었다.

평소 정치에 눈곱만큼도 관심이 없던 현진은 정유라의 말 한마디에 치를 떨었다. '부모 잘 만나는 것도 실력'이라는 당당함에 놀란 것이다. 최순실의 딸이 아니면 불가능했을 그의 인생을 바라보는 대한민국의 대다수 국민은 분노했다. 기회는 균등하지 않고, 과정은 공정하지 않으며, 결과는 정의롭지 않은 대한민국의 민낯을 그대로 드러낸 사건이었다. 현진은 코피 쏟으며 밤새워 공부했던 순간들이 떠올랐고, 21세기 대한민국에서 벌어진 일이라고 상상할 수도 없는 일들이 '그들만의 리그'에서는 가능했다는 사실에 절망했다. 친구들과 촛불을 들고 광화문에 나갔다. 텔레비전으로만 보던 시위 현장에 난생처음 찾아간 것이다. 날은 추웠지만 가슴은 뜨거웠고 자발적으로 나선 사람들은 평범한 이웃들이었다. 이후 일련의 상황들을 지켜보며 정치가 곧 일상생활을 지배한다는 사실을 깨달았다. 정치에 대한 무관심과 냉소는 우리 삶을 망치는 지름길이다.

정치가 국민을 고통스럽게 하는 가장 큰 이유는 비정상적이고 불법적인 정경유착 때문이다. 1960~1970년대 산업화 과정에서 국가는 정책적으로 재벌을 육성했고, 그들은 권력자에게 정치자금을 지원하며 공생 관계를 유지했다. 이 뿌리 깊은 정경유착의 고리가 최근까지 이어져 정부는 서민보다는 재벌을 위한 정책을 펴는 데 앞장섰다. 국민들은 억울하면 출세하라는 말로 불법을 관행으로 치부했고 정치권력과 자본의 결탁을 냉소적으로 바라보았다. 물론 정경유착 문제는 어제오늘의 일이 아니며 우리나라만의 문제도 아니다. 돈이 모이는 곳에 권력이 생기고 권력은 자연스럽게 돈을 탐한다.

자본주의라는 경제체제와 민주주의라는 정치제도 사이의 끈끈한 욕망은 여전히 서로를 그리워한다. 헌법에 경제민주화 조항이 추가되었어도 성장과 분배에 대한 생각은 사람마다 제각각이다. 정치인은 말할 것도 없다. 정치권력과 경제권력 사이에는 긴장과 견제 장치가 마련되어야 한다. 정치자금과 기업 경영의 투명성을 제고하는 방법이 없는 게 아니다. 각종 이권이 개입되고 정책과 정치자금이 손을 잡는 순간 소수 기득권의 이익만 챙기는 정부가 탄생한다. 대한민국의 거의 모든 정부는 불법 정치자금과 경제정책 실패로 무너

일곱 ㅇ 숨 쉬는 공기마저 정치적인 우리 삶

졌다.

2005년 7월 5일, '대·중소기업 상생협력 시책 점검 회의'에서 노무현 전 대통령은 "권력은 시장으로 넘어간 것 같습니다. 우리 사회를 움직이는 힘의 원천이 시장에서 비롯되고 있습니다"라는 의미심장한 이야기를 한 적이 있다. 정치권력은 일시적이지만 경제권력은 영속적이다. 권력이 시장으로 넘어갔다는 말은 작은 정부를 모토로 완전한 자유 시장 경제를 표방했던 신자유주의 경제질서에 대한 승복 선언이었다. 정치가 경제를 간섭하고 통제할 수 없는 상황, 즉 민주주의가 자본에 압도당하고 있는 현실에 대한 상징적인 표현이었다.

이 말은 우리에게 왜 중요한가. 비정규직의 확산, 고용 없는 성장, 사상 최악의 실업률, 지속적인 출산율 저하, 노인 빈곤층의 급증, 세계 최고 자살률 등 객관적인 지표로 나타나는 '헬조선'이 된 현실의 근본적인 원인은 무엇일까. 성장과 분배의 충돌 때문이 아니라 시장에 대한 정책 실패가 그 원인이 아닐까? 경제정책의 방향, 기업 운영의 목표가 일치할 순 없지만 대다수 국민들에게 거시적인 경제정책은 그대로 생활의 모든 요소에 중요한 영향을 미친다. 시간을 조금 더 거슬러 올라가보자.

"문제는 경제야, 바보야!It's the economy, stupid!" 빌 클린턴은 1992년 미국 대선에서 이 한마디로 당시 대통령이었던 조지 허버트 워커 부시를 눌렀다. 자본주의의 본산이라 할 수 있는 미국에서도 국민들의 표를 얻어 권력을 잡는 가장 확실한 방법은 경제 문제에 대한 해결책과 장밋빛 미래다. 2016년, 보호무역주의를 표방하며 미국 경제 활성화를 내세운 트럼프가 대통령으로 당선되자 전 세계가 충격에 빠졌다. 트럼프가 당선된 이후, 예상대로 미국 우선주의가 시행되고 있으며 끊임없는 무역 분쟁이 진행 중이다.

누가 경제 문제에서 자유로울 수 있을까. 대한민국에서는 아파트를 한 채 마련하면 정부 정책에 대한 관심과 입장이 달라진다. 부동산은 거주 공간뿐 아니라 재테크의 수단이자 자산 가치를 상승시키기 위한 확실한 도구이기 때문이다. 직장 생활을 하다가 자기 사업을 시작하거나 하면 세금, 임대차, 하청, 최저임금 문제가 달리 보인다. 우리는 각자의 이익에 따라 정부의 경제정책을 지지하거나 비판한다. 그럼에도 자신의 사회계급에 반하는 투표를 하는 노동자, 농민들도 많다. 모든 사람이 무조건 개인적 이익에 따라 투표를 하는 건 아니지만 자기희생을 각오한 투표 행위도 상상하기 어렵다.

투표는 이상적 가치와 자신의 신념을 위한 정치 행위가
아니다. 자기 삶의 개선을 위한 이기적 행위가 투표다. 누가
나에게 직접 이익이 되는 경제적 혜택, 법과 질서, 복지제도
를 제공할 것인가. 어떤 정책으로 우리에게 더 나은 미래를
제시하는가. 투표는 적극적이고 능동적인 정치 행위다. 그
행위는 선거에만 국한되는 것이 아니라 지속적이고 꾸준한
비판과 감시의 책임을 수반한다. 탁월한 능력을 가진 정치
지도자가 나타나 우매한 국민을 다스리고 온 세상을 행복하
게 만들어줄 것이라는 착각이 히틀러를 만들었다. 영웅이나
괴물은 태어나는 게 아니라 만들어지는 것이다.

취업하지 못한 청년, 결혼하기 어려운 연인, 출산을 미루
는 부부에게 정치는 어떤 의미일까. 출산율 통계를 예로 들
어보자. 2017년 대한민국의 합계 출산율은 1.05명으로 사상
최저치를 기록했으며, 2018년에는 0.98명으로, 1명이 채 안
된다. 합계 출산율은 여성 한 명이 15~49세 사이에 낳을 것
으로 예상되는 평균 출생아 수를 말한다. 1959년 100만 명
이 넘었던 신생아 수는 2016년 40.6만 명에서 2017년 최초
로 40만 명 이하로 떨어졌다.

정부가 수많은 대책을 쏟아내고 세금을 쏟아붓는데도
왜 이렇게 출산율이 떨어질까? '취업-결혼-출산'으로 이어

지는 자연스러운 생애 주기에 문제가 생겼기 때문이 아닐까. 일자리의 질이 보장되지 않으니 안정적으로 일하며 가정을 이룰 수 없고, 양육과 교육이 개인의 부담인 현실에서 단기적인 대책으로 출산율이 과연 늘어날까. 생명 탄생의 순간부터 전 생애를 함께 책임지려는 사회적 노력과 인식이 바뀌지 않는 한 출산율 증가는 기대하기 어렵다. 아이를 낳았다고 출산장려금을 지급하는 것보다 태어난 아이가 살 만한 세상을 만들어가는 게 우선이 아닐까.

유엔 기준에 따르면 초고령사회는 전체 인구 중 65세 이상 고령 인구 비율이 20퍼센트 이상인 국가를 말한다. 2026년쯤 우리 사회는 초고령사회에 진입할 것으로 예측된다.★ 초저출산, 초고령화 시대는 우리의 미래를 완전히 다른 모습으로 바꿔놓을 수도 있다. 의료보험, 국민연금 등 각종 복지 혜택에도 빨간불이 켜진다. 코앞에 닥친 선거에서 당선되기 위한 단기적이고 일시적인 정책으로 불안한 미래가 해결되지는 않는다. 각자의 손익계산서가 다른, 이기심으로 가

★ 유엔은 총인구 중 65세 이상 인구가 7퍼센트 이상이면 고령화사회, 14퍼센트 이상이면 고령사회, 20퍼센트 이상이면 초고령사회로 분류한다. 대한민국은 2000년 고령화사회에 진입했고, 2017년 고령사회가 되었다. 17년 만에 고령화사회에서 고령사회로 진입한 것이다(일본은 24년, 독일은 40년, 미국은 73년, 프랑스는 115년 걸렸다). 현재 속도라면 초고령사회 진입도 세계기록을 세울 예정이다.

득한 국민의 선택은 무엇일까? 정치에 대한 불신과 외면은 고스란히 우리 삶에 직격탄을 날린다. 시간을 좀 더 거슬러 올라가 조선 후기 왕정 시대의 정치와 유배의 문제를 잠시 살펴보자.

정약용의
'에잇, 18년이라니!'

21세기를 사는 우리가 과거를 돌아보는 이유는 '욕망과 불안' 때문이다. 하고 싶은 일, 갖고 싶은 것은 많은데 마음대로 되지 않는다. 또 미래에 대한 막연한 불안감은 덤이다. 덴마크의 철학자 키르케고르는 현대인의 불안을 '자유의 현기증'이라고 말했다. 근대 이전에는 계급과 계층이 나뉘어 태어난 순간부터 삶의 길과 역할이 정해졌다. 직업 선택의 고민이 없을 뿐 아니라 욕망의 크기도 결정되어 있었다. 하지만 근대 이후 인간은 무한한 선택의 자유를 누리며 선택 장애를 겪게 된다. 눈에 보이지 않는 계급으로 나뉜 사회에 살면서 욕망은 무한히 커질 수밖에 없고 자유에 따른 미래의 책임은 개인에게 미뤄진다. 그래서 불안은 현대인에게 숙명과 같다.

조선 후기 한강에 배다리를 놓고 거중기를 만들어 수원 화성을 쌓으며 정조의 총애를 받던 정약용은 갑작스레 유배를 떠난다. 무슨 죄를 지었기에 18년이라는 긴 세월 동안 유배 생활을 했을까.

예나 지금이나 권력의 흐름을 파악하지 못하는 정치인은 화를 면하기 어렵다. 오랜 기간 권력을 유지하는 사람들의 면면을 살펴보라. 개인의 탁월한 능력뿐 아니라 시대의 변화를 잘 읽어내고 다른 정치인들과의 관계를 적절히 이용한 사람들이다. 제아무리 뛰어난 사람이라도 대세를 거스르거나 최고 권력자의 눈 밖에 난 경우에는 소리도 없이 사라진다.

정약용도 정권이 바뀌자 고초를 겪는다. 지금처럼 선거로 정권이 바뀌는 게 아닌 왕권 세습제였으니 신하들의 운명은 바람 앞의 등불 같았다. 물론 끼리끼리 뭉쳐 다니고 권력에 줄을 서는 붕당정치와 세도정치는 지금과 크게 다르지 않아 보인다. 왕은 왕대로, 조정의 대신들은 그들대로 대립과 갈등을 겪으며 기득권을 챙기고 왕권을 강화하기 위해 애쓰던 시절의 이야기다.

정약용은 20대 초반에 이복형 정약현의 처남 이벽에게 서학, 즉 천주교를 소개받았다. 그러나 조선 최초로 세례를

　　　　일곱 ○ 숨 쉬는 공기마저 정치적인 우리 삶

받은 매형 이승훈이나 셋째 형 정약종과 달리, 그는 제사를 지내지 않는다는 등의 이유로 천주교를 받아들이지 않았다. 천주교도에 비교적 관대했던 정조가 죽고 순조가 왕위에 오르자 상황이 달라졌다. 신유박해가 벌어져 천주교를 탄압하기 시작한 것이다. 우여곡절 끝에 목숨을 부지한 정약용은 경상도 장기현으로, 둘째 형 정약전은 전라도 신지도로 유배된다. 그 뒤 황사영 백서 사건*이 일어나면서 정약전은 흑산도로, 정약용은 강진으로 유배지를 옮겼다. 해배되어 다산초당에서 후학들과 함께 학문에 몰두하던 정약용은 죽을 때까지 여유당**에서 지내며 182책 503권의 방대한 저서를 남겼다.

정약용의 유배 18년이 후세대에게는 축복이었으나 개인적으로는 참담한 세월이었으리라. 유배를 전후해서 9남매 중 6남매가 세상을 떠났다. 해배되어 남양주 마재로 돌아왔을 때, 살림은 궁색했고 부인 홍씨는 초라한 노파의 모습으

★ 신유박해 이후 천주교도 황사영은 조선의 천주교 탄압의 실태와 그 대책을 적은 편지를 베이징에 있는 서양인 주교에게 보냈다. 이 사실이 탄로 나 일당은 모두 처형되었으며, 조선 정부는 천주교 탄압을 더욱 강화했다. 이 백서는 로마 교황청에 보관되어 있다.

★★ 정약용은 '겨울 시내를 건너듯 신중하게 하고, 사방을 두려워하듯 경계하라'라는 『노자』의 말을 빌려 생가에 '여유당(與猶堂)'이라는 당호를 짓고 칩거했다. 그가 정조 없는 세상을 얼마나 두려워했는지 잘 보여준다.

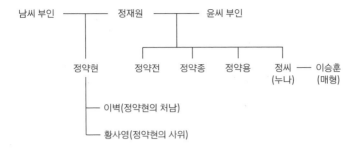

〈정약용 가계도〉

로 그를 맞았다. 정약용의 일생은 왕권이 교체되면서 롤러코 스터를 탄 것이다.

근대 이전에는 절대 권력자인 왕이 세상을 지배했다. 그 위세를 등에 업기 위해 피비린내 나는 왕족과 문벌 귀족들의 세력 다툼이 있었지만 1인 지배 체제는 중세와 근대를 지배 하는 기본적인 통치 방식이었다. 이런 전통적인 정치체제 탓 에 여전히 대통령을 특별한 존재로 인식하거나 왕으로 여기 는 사람들이 있다. 민주 시민의 권리와 의무보다 조선 시대 백성으로서의 책무를 떠올리는 사람들도 여전히 존재한다.

과거와 현재는 단지 물리적인 시간의 거리를 나타내는 말이 아니다. 선거로 잠시 권력을 위임받은 대통령, 민의를 대변해야 하는 국회의원에 대한 우리의 생각과 태도를 바꿔

일곱 ○ 숨 쉬는 공기마저 정치적인 우리 삶

야 한다. 국민의 심부름꾼이 되겠다는 말은 선언적 의미가
아니다. 정치인이 선거로 위임받은 권력은 재임 기간 동안
다수 국민을 위해 봉사하는 데만 사용해야 한다. 권력을 사
유화하고 소수 특권 집단의 이익에 복무하는 순간 정치는 우
리에게 합법적 폭력으로 돌아온다.

따라서 정치권력에 대한 비판과 감시는 사법부와 검찰,
언론에만 주어진 일이 아니라 대다수 국민들의 관심과 참여
에 의해 일상적으로 이루어져야 한다. '우리가 남이가?'로 대
표되는 혈연, 지연, 학연을 찾는 전근대적 태도가 정치를 망
치고 경제와 사회의 기반을 무너뜨린다. 그 피해는 물론 힘
없고 돈 없고 '빽' 없는 서민들의 몫이다. 정신 똑바로 차리고
리더의 자격이 없는 이를 끌어내리고, 다수 국민보다 특정
집단과 소수의 이익을 위해 일하는 정치인을 가려보자. 권력
에 줄 서는 검찰과 공무원, 선거철에만 국민을 찾는 정치인,
비판 기능을 상실한 언론이 우리 삶을 불행하게 만든다. 가
능하다면 조선 시대처럼 이들을 멀리 유배 보내야 한다.

정약용이 살았던 조선 시대 유배형은 사형 다음으로 무
거운 형벌에 해당한다. 유배는 기본적으로 종신형이며, 조선
초기에는 중국 대명률(중국 명나라의 형법전)을 받아들여 도
성에서 유배지까지의 거리를 2,000리, 2,500리, 3,000리로

구분했다. 그런데 10리는 약 4킬로미터이니, 중국과 달리 국토가 좁은 조선에서는 3,000리 밖으로 보낼 수가 없었다. 그래서 거리를 맞추기 위해 국토를 왕복하는 곡행이 시행되다가, 세종 때 우리 실정에 맞게 거리를 조정했다. 재밌는 일은 양반뿐 아니라 평민과 노비도 유배형을 받았다는 사실이다. 심지어 『하멜 표류기』로 유명한 네덜란드인 헨드릭 하멜도 유배를 갔고, 사람을 밟아 죽인 코끼리도 유배형에 처했다는 기록이 『조선왕조실록』에 남아 있다.

왕이 바뀌고 정권이 교체되면 과거의 잘잘못을 따지고 변화를 시도한다. 막강한 권력을 장악한 대통령과 집권 세력은 법과 제도를 적절히 활용한다. 국정원과 검찰을 합법적으로 이용하며 자신들의 지배 체제를 강화하기도 한다. 박근혜 정부의 문화예술계 블랙리스트 사건, 문재인 정부의 환경부 블랙리스트 사건 등은 정적을 유배시킨 조선 시대의 형벌과 유사한 방식의 정치 행위가 아니었을까. 절대 권력은 절대적으로 부패한다. 권력에 대한 감시와 견제 장치가 작동하지 않을 때 국가는 총체적 난국을 맞는다. 우리에겐 그 경험과 기억이 생생하다. 정권의 입맛에 맞는 예술가와 사회단체들을 차별적으로 지원하거나 입맛에 맞지 않는 정부 산하기관의 임원을 쫓아내는 행태 등은 정권이 바뀔 때마다 언제든

일곱 ○ 숨 쉬는 공기마저 정치적인 우리 삶

반복될 수 있다. 그들의 이해관계에 따라 정치인뿐 아니라 국민들의 삶도 한순간에 롤러코스터를 탈 수 있다. 우리 일상은 뼛속까지 정치적이지만 민주주의는 생각보다 유지하기 어려운 정치체제다. 맹목적인 지지와 무차별적인 비난 대신 비판적 지지와 합리적 대안이 필요하지 않을까?

'무관심을 증오한다'라는 그람시의 외침

바쁜 현대인에게 민주 시민의 권리와 의무를 역설해봐야 소용없다. 그것이 자기 삶에 얼마나 직접적으로 영향을 미치는지 실감할 때라야 생각과 행동이 조금 달라진다. 정치 참여는 정당이나 시민단체 활동에 적극적으로 동참하는 것만을 의미하지는 않는다. 언론 보도의 사실 여부를 비판적으로 걸러 듣고, 정파적 이익에 따라 현실 문제를 어떻게 해석하는지 살펴보고, 각 정당과 정치인의 정책 방향, 실천 과정을 지켜보자. 일반 시민들의 정치 참여는 인터넷, 언론사 댓글, 투표 참여, 여론조사 응답 등 다양한 방법으로 이루어진다. "나는 살아 있고 삶에 참여하는 인간이다. 그러므로 나는 삶에 참여하지 않는 사람을 증오하며, 무관심을 증오한다"라는 안토니오 그람시의 말은 정치 참여가 자기 삶에 책임을 다하는 태도라는 사실을 일깨운다.

장폴 사르트르는 "지식인의 책무는 현실 개혁 의지와 비판 정신 그리고 그에 따른 실천"이라고 말했다. 침묵하는 전문가만큼 비겁한 사람도 찾기 힘들다. 현실을 외면하는 지식인만큼 초라해 보이는 사람은 없다. 모호한 태도로 처세하며 현실과 거리를 둔 채 사는 태도가 바람직하지 않은 이유는 누구도 현실 정치로부터 자유롭지 않기 때문이다. 어떤 목소리를 내고 문제를 해결하려는 의지를 보여줄 때 좀 더 나은 방향의 정책이나 대안이 나오는 법이다. 모든 학문과 지식을 오로지 '실용성'을 기준으로 평가할 수는 없지만, 다 함께 행복한 세상을 만드는 데 기여하지 못하는 지식이라면 문제가 아닐까?

우리가 흔히 사회 지도층이라고 여기는 사람들을 공익적 관점에서 살펴보자. 폴리페서polifessor로 대표되는 지식인들의 정치 참여에 부정적 측면만 있는 것은 아니다. 학문 영역의 이론을 현실에 적용하려는 노력도 필요하기 때문이다. 하지만 책임과 의무를 게을리하고 개인적 이익을 추구하는 사람들을 우리는 수없이 목격했다. 대다수 국민들을 위해 봉사하려는 선한 의지가 아니라 권력을 추구하고 경제적 이익을 얻으려는 지식인과 기득권층이야말로 정치에 무관심한 시민들보다 우리 삶에 더욱 나쁜 영향을 미친다.

이런 면에서 정약용의 유배 18년은 역사적으로 큰 의미가 있다. 비로소 학문과 정치와 삶이 일치해야 한다는 깨달음을 얻는 과정이었기 때문이다. 정약용은 백성들의 삶을 바로 곁에서 지켜보며 『목민심서』를 지어 위정자들의 행태에 일침을 가했다. 개인적인 이익만 추구하면서 공익을 소홀히 하는 지식인, 정치인, 공무원이 사회를 좀먹듯 백성의 실생활을 돌보지 않는 목민관은 우리 삶을 피폐하게 한다. 각 지방자치단체장은 물론, 국회의원과 대통령도 마찬가지다. 정약용의 생각이 여전히 빛을 발하는 이유는 시대가 변해도 국민을 위해 일하는 사람들이 갖춰야 할 덕목과 마음가짐은 변하지 않기 때문이다.

현진은 지지하는 정당이 없다. 그야말로 무無당파다. 개별 정책과 사안에 따라 판단을 하려고 노력한다. 선거철만 되면 대통령과의 친분 관계, 지역 연고를 내세우고, 지역 현안의 해결사를 자임하는 정치인을 많이 봐왔다. 하지만 그들의 전공과 학벌은 현실 정치에서 전문성을 발휘하는 데 크게 도움이 되지 않아 보인다. 유독 교수와 법률가 출신이 많은 정치인들의 면면을 보면 국회에서 자기 나름의 이론과 제도를 통해 대한민국을 정말 살 만한 나라로 만들 수 있을 것 같아 보인다. 하지만 그들은 정치적 이념이나 각 당의 당리당략과 개인적 이익에 따라 표리부동한 태도를 갖는다. 현진은 지식인의 정치 참여도 중요하지만 국민들이 스스로 정치의식을 높이지 않는다면 우리와 다른 상식을 가진 그들의 잔치에 들러리만 설 수도 있겠다고 생각한다.

　현실 정치인의 면면을 떠올려보자. 충분한 능력을 갖추었다고 생각되는가? 감정적인 호불호를 떠나 정치인은 어떤 사람이어야 할까? 막스 베버는 『직업인으로서의 정치』에서 정치가는 '열정, 책임감, 균형 감각'이라는 세 가지 자질을 갖춰야 한다고 주장한다. 대의에 대한 뜨거운 확신과 더불어 신념윤리뿐 아니라 책임윤리까지도 갖춰야 하며, 감정에 치우치지 않는 냉정한 판단력과 조절 능력이 요구된다.

　'정치란 열정과 균형 감각 둘 다를 가지고 단단한 널빤지를 강하게 그리고 서서히 뚫는 작업'이라는 비유는 복잡하고 다양한 이해관계와 가치관이 뒤엉킨 현실 문제를 해결하는 과정을 의미한다. 보수와 진보뿐 아니라 사안에 따라 개인적 이해관계를 달리하는 사람들까지, 세상에는 자기 신념과 이익을 양보하는 사람이 많지 않다. 그래서 베버는 어떤 상황에 대해서도 '그럼에도 불구하고!'라고 말할 능력이 있는 사람만이 정치에 대한 소명을 가진 사람이라고 주장했다. 정약용도 우리 생활에 직접 영향을 미치는 관리, 즉 정치인들을 이렇게 비판했다.

무릇 봉록과 지위를 다 떨어진 신발처럼 여기지 않는 자는 하루도 수령의 지위에 앉아 있으면 안 된다. 흉년에 백성들의 조세를 면제해줄 것을 요구하다가 상관이 들어주지 않으면 벼슬을 버리고 떠나가며, 상사上司가 요구한 일이 있을 때 그것을 거절했으나 알아듣지 못하면 벼슬을 버리고 떠나가며, 나의 예모(禮貌, 예절에 맞는 몸가짐)에 손상이 생기면 벼슬을 버리고 떠나간다. 상관이 언제나 나를 획 날아가버릴 새처럼 생각한다면 내가 요구하는 것을 감히 듣지 않을 수 없을 것이며, 나에게 무례함을 저지르지 못할 것이다.★

21세기를 사는 우리에게 정약용의 충고가 여전히 의미 있는 이유는 그가 백성에 대한 깊은 관심과 애정으로 부조

★ 정약용, 『유배지에서 온 편지』, 박석무 옮김, 창비, 2009, 297~298쪽.

리한 현실을 비판하고, 더 나은 세상을 만들기 위해 구체적인 대안을 제시했기 때문이다. 정치는 직업 정치인의 업무가 아니라 바로 내 삶을 좌우하는 기본적인 시스템을 스스로 만드는 일이다. 우리 모두 관찰자와 방관자가 아니라 주체적인 참여자로 거듭나야 한다. 모든 사람이 정치에서 자유로울 수 없는 제도가 바로 민주주의다. 정치와 정치인이 아니라 주인 의식이 우리 삶을 좌우한다.

나의 생활 속 정치는
어떠한가

정약용은 당시 1급 사상범이었다. 정적에게 미움을 받았고 집안 전체가 연루된 일이니 화를 피하기도 어려웠을 것이다. 하지만 그는 한때 서학에 관심을 가졌을 뿐 천주교를 내면으로 받아들였던 사람이 아니었음에도 오랜 기간 유배를 당했다. 정약용 말고도 정치적으로 탄압받고 유배를 가고 폐족이 된 경우는 부지기수다. 법과 제도보다 중요한 건 법을 적용하고 판단하는 사람이다. 칼자루를 쥔 자가 누구냐에 따라 배신자와 공익제보자 사이를 오가는 사람을 우리는 수없이 경험했다. 사상과 양심의 자유가 헌법에 보장된 현대사회에서도 비슷한 일들이 계속해서 벌어진다. 비전향 장기수, 민주화 투쟁 인사 등 군사정권 시대부터 종교 문제로 병역을 거부해서 처벌을 받았던 일까지 인간의 신념을 처벌하는 일은 계속됐다.

인권은 태어나면서부터 인간이 누려야 할 권리이지만, 그 권리가 완전히 보장된 시대는 없었다. 그 권리는 시대적 상황에 따라 다르게 해석되었고, 지금 우리 현실도 크게 다르지 않다. 남북 대치 상황이라는 특수성, 이념 대립으로 벌어진 끔찍한 한국전쟁의 상처, 동북아에서 한반도가 차지하는 지정학적 위치 등을 고려하면 우리가 누릴 수 있는 정치적 자유가 제한적일 수밖에 없다는 생각도 든다. 그러나 자유와 평등, 인간의 가치가 상황에 따라 다르게 적용될 수 있을까. 경제적 불평등이 자유경제체제의 당연한 결과일 뿐일까. 차별 없는 보편적 복지가 정치적 포퓰리즘일까. 돈과 권력을 향한 무한 경쟁은 인류 사회의 불가피한 흐름일까. 스스로 질문하고 고민하지 않는다면 자극적인 언론 보도에 부화뇌동하고 선전선동에 좌충우돌하며 정치인에게 이용당하기 십상이다.

일상생활에서 정치 참여는 얼마든지 가능하다. 우리는

간접민주제를 채택하고 있지만 네트워크 시대에 직접 참여는 누구에게나 열려 있다. 정당 가입, 노조 활동, 시민단체 참여 등 전통적인 방법과 인터넷 댓글, 트위터 해시태그, 정치인 SNS에 의견 달기, 강남역 살인 사건에서처럼 포스트잇으로 표현하기, 촛불시위 참여 등 직접 자신의 의사를 표현하고 정치적 목소리를 담아낼 수 있는 방법은 도처에 널려 있다. 정치뿐 아니라 언론과 교육 등 다양한 분야에서도 적극적으로 참여하고 감시와 비판의 눈길을 거두지 말아야 한다. 그렇게 비판적인 목소리를 낼 때, 정치인들은 국민을 두려워하고 공인으로서 의무와 책임을 다할 수밖에 없다.

정치에 대한 외면과 냉소만큼 자신이 지지하는 정당과 정치인에 대한 맹목적 지지와 감정적 태도도 위험하다. 합리적이고 이성적인 태도로 타인의 이야기에 귀 기울이고 소통과 협력의 태도를 가질 때 비로소 우리 사회는 한발 앞으로 나아갈 수 있다. 개인의 이익뿐 아니라 공동체 전체가 더불어 살 수 있는 지혜를 모으는 것이 중요하다.

현진은 요즘 청와대 국민 청원 게시판을 들여다보기도 하고 지역 국회의원 홈페이지와 블로그에도 가끔 접속한다. 한 사람의 열 걸음보다 열 사람의 한 걸음이 더 큰 힘을 발휘한다는 사실을 깨달았기 때문이다. 정치는 나와 거리가 먼

이야기로 생각했지만 정치인을 국민들이 잘 활용하지 않으면 그들이 국민을 이용할 수도 있다. 각자의 삶에 직접 관련된 일에 대한 입법 청원, 정책 결정 과정에 대한 모니터링은 적은 시간으로도 참여할 수 있다. 국가가, 정치인이 국민을 두려워할 때 현진이 사는 세상은 조금 나아진다고 믿는다.

가정, 학교, 기업, 관공서 등 언제 어디서든 우리의 말과 행동은 정치적이다. 자기 생각을 분명하게 말하고 신념과 양심에 따라 행동할 수 있는 자유가 보장된 나라가 민주주의 국가다. 자본주의 사회에서 민주주의의 가치가 실현되기 위한 방법은 무엇인지, 나의 생활 속 정치는 어떠해야 하는지, 각자 서 있는 자리에서 주위를 살펴보자. 머리에서 가슴까지의 거리보다 더 먼 거리는 발까지 가는 길이다. 모든 사상의 종착점은 실천이다. 나 혼자만 행복한 삶은 불가능하다. 내가 변하지 않으면 세상도 변하지 않는다.

함께 읽어볼 만한 책

마이클 샌델, 『정치와 도덕을 말하다』, 안진환 옮김, 와이즈베리, 2016.

막스 베버, 『직업으로서의 정치』, 전성우 옮김, 나남출판, 2007.

박제가, 『북학의』, 안대회 옮김, 돌베개, 2013.

박지원, 『열하일기(전 3권)』, 김혈조 옮김. 돌베개, 2017.

스기타 아쓰시, 『정치는 뉴스가 아니라 삶이다』, 임경택 옮김, 사계절, 2016.

신영복, 『감옥으로부터의 사색』, 돌베개, 2018.

아리스토텔레스, 『정치학』, 천병희 옮김, 숲, 2009.

안토니오 그람시, 『그람시의 옥중 수고 1(정치편)』, 이상훈 옮김, 거름, 1999.

알랭 바디우, 『정치는 사유될 수 있는가』, 박성훈 옮김, 길, 2017.

염은열, 『유배, 그 무섭고도 특별한 여행』, 꽃핀자리, 2015.

윌리엄 J. 듀이커, 『호치민 평전』, 정영목 옮김, 푸른숲, 2003.

유시민, 『국가란 무엇인가』, 돌베개, 2017.

은수미, 『만국의 알바여, 정치하라』, 창비, 2017.

이언 샤피로, 『정치의 도덕적 기초』, 노승영 옮김, 문학동네, 2017.

정약용, 『유배지에서 온 편지』, 박석무 옮김, 창비, 2009.

───. 『정선 목민심서』, 다산연구회 엮음, 창비, 2005.

최강욱, 『법은 정치를 심판할 수 있을까?』, 창비 2017.

파커 J. 파머, 『비통한 자들을 위한 정치학』, 김찬호 옮김, 글항아리, 2012.

하승수, 『삶을 위한 정치혁명』, 한티재, 2016.

여덟 ○

모든 인간은 정말 평등할까?

○ 인권은 거창하고 추상적인 개념이 아니다. 무심하게 지나쳤던 사람들의 말과 행동이나 타인을 판단하는 자기 생각의 기준을 돌아보는 것만으로도 인권 감수성이 길러진다.

복권에 당첨된
사람들

누구나 한 번쯤 로또 1등에 당첨되는 꿈을 꾼다. 상상만으로
도 짜릿하고 달콤하다. 당첨 확률은 814만분의 1. 벼락 맞을
확률보다 적다고 하니 그야말로 꿈이겠지만 거의 매주 누군
가는 그 꿈을 현실로 만든다. 그래서 복권을 사는 사람들의
희망은 더욱 간절하다. 때로는 복권 당첨의 꿈이 고통스러운
현실을 견디는 진통제 역할을 해주기 때문이다. 희망 없는
현실은 비극이며, 꿈 없는 잠은 죽음처럼 무의미하다. 사람
들은 꿈을 이루지 못해 좌절하는 게 아니라, 희망 없는 내일
때문에 절망한다.

여덟 ○ 모든 인간은 정말 평등할까?

하준은 매주 월요일 복권을 한 장씩 산다. 일주일 치 작은 기쁨이다. 요행을 바라면서 살지도 않았고 인생이 한 방이라고 생각한 적도 없지만 복권 한 장은 왠지 모르게 마음 한구석에 작은 희망을 품게 했다. 당첨되지 않더라도 뭔가 기대할 무엇이 있다는 것, 그렇게 기다리는 마음이 좋았다. 이제 대학을 졸업하는 딸과 입시생이 되는 아들의 미래도 꿈과 희망으로 가득했으면 좋겠다는 바람이다. 하준에게는 두 아이가 인생 최고의 복권이다.

1등 복권에 당첨된 사람들은 천국을 경험했을까? 대부분 그렇지 않다. 그들의 삶을 추적해보니 대부분 결과가 좋지 않았다. 갑작스러운 돈벼락은 가족은 물론 친구, 이웃들까지도 멀어지게 했다. 복권이 아니더라도 우리는 아파트와 땅값이 크게 오른 사람, 주식으로 대박이 난 사람 등 큰 행운을 잡은 이야기를 종종 듣는다. 그런 사람들은 부러움을 사지만, 불로소득의 결과는 생각보다 지속적인 행복을 주지 못하고 또 다른 욕심과 불안을 안겨준다. 재벌 자녀들, 엄청난 재산을 상속받은 사람도 크게 다르지 않다. 부모 덕에 얻은 부와 명예가 행복한 삶의 기준이 될 수는 없다. 생활이 좀 편리하긴 하겠지만 성취감, 자기만족, 인정 욕구를 충족하기는 어렵다.

물론 노력한 만큼의 결과가 항상 돌아오는 건 아니다. 어느 사회든 보이지 않게 계층이 존재한다. 개인의 노력만으로 원하는 것을 모두 얻을 수 있는 공평한 세상은 이론으로만 존재하는 이상향이다. '유토피아'는 토마스 모어가 그리스어에서 '없는ou-'과 '장소topos'를 뜻하는 두 단어를 결합해 만든 말이다. 현실에 존재하지 않는 이상적 세계라는 의미다. 잘 알다시피 현실은 유토피아가 아니다. 모두가 유토피아를 꿈꾸지만, 인류 역사상 그런 세상은 한 번도 존재하지 않았고 앞으로도 불가능하지 않을까. 어쩌면 희망과 행운은 험한 세상을 견디는 유일한 마취제가 아닐까. 복권과 경마는 국가가 국민을 상대로 거는 도박이자 희망 고문이 아닐까.

우리 삶에서 우연과 필연의 문제는 때때로 판단을 흐리게 한다. '운명'이라는 말로 우연한 만남을 포장하기도 하고, 부족한 실력 대신 '운'이 나빠 시험에 떨어졌다고 핑계를 삼기도 한다. 자기 합리화를 위한 방법으로 부모를 탓하고, 운명을 손가락질한다. 인생은 수학 공식처럼 정확한 이론이 적용되지 않는다. 때로는 노력한 것보다 큰 성과를 얻고 또 때로는 죽을 힘을 다해도 실패한다. 복권 당첨의 행운을 꿈꾸지만 나 혼자만 불행을 떠안기도 한다. 하지만 인간은 우연과 운명을 예측할 수 없기 때문에 살 만하다고 믿는다. 알 수

여덟 ○ 모든 인간은 정말 평등할까?

없는 미래, 두근거리는 내일은 모든 사람에게 적용되는 삶의 원칙이다.

모든 인간은 태어날 때부터 우연에 기대 산다. 부모를 선택할 수 없는 것은 물론 성별, 국가, 인종 등 선택할 수 있는 게 아무것도 없다. 노력으로 얻은 것이 아닌 태생적 환경은 복불복이다. 이미 탄생 자체가 어마어마한 우연이 아닐까. 이 책을 읽는 당신은 대략 3억 개 가운데 당당하게 1등을 한 정자와 난자가 만나 태어난 사람들이다. 그보다 더 큰 우연은 없다. 이 세상에 태어나기 위해 3억분의 1이라는 엄청난 확률을 통과했다니!

이렇게 태어난 우리는 상상할 수도 없을 만큼 소중한 존재이며, 인간이라는 이유만으로도 충분히 대우받을 권리가 있다. 이것이 바로 인권이다. 인권은 '인간이 인간답게 살기 위해 요구할 수 있는 자유와 서비스'이다. 이 개념을 서양에서는 '자연권natural right', 동양에서는 '천부인권'이라 칭했다. 노력하지 않아도 처음부터 손에 쥔 권리가 있다니. 우리에겐 몸이 아프면 죽지 않도록 치료받을 권리, 먹을 게 없어 굶어 죽지 않을 권리, 인간답게 살기 위해 교육받을 권리가 있다. 태어날 때부터!

그러나 자본주의 사회에서 돈이 없으면 아파도 병원비

가 없어 죽을 수 있고 굶어 죽을 수도 있으며 학교에 다니지도 못하는 게 현실이다. 그러니 쉬지 말고 일하고 경쟁에서 이기라고 독려하는지도 모른다. 성공한 인생을 누가 탓하랴. 다만 성공의 수단과 방법이 공평한지, 성공의 대가는 누가 정하는지 생각해보자. 인권은 복지 혜택이나 바라는 루저들의 전유물일까? 생명 탄생의 순간부터 게임 자체가 불공평하다는 점을 인정해야 하지 않을까. 게임의 룰이 공정해도 게임에 참가하는 선수들의 상황이 다를 수 있다. 누군가는 장애가 있어 신체 능력이 다르고 누군가는 제대로 공부할 수 없는 환경일 수도 있다. 그들은 성공하지 못한 게 아니라 공정한 경쟁에 참여하지 못한 것일 수도 있다.

모든 사람은 태어날 태부터 인간으로서 사람답게 살아갈 권리가 있다는 대전제에 동의하지 않는다면 인권에 관한 모든 논의 자체가 무의미하다. 옛날 옛적 신분제 사회에서는 상상할 수도 없는 생각이기 때문이다. 그 생각을 아직도 버리지 못한 사람들이 생각보다 많다. 국민을 '개돼지'로 생각하는 공무원도 있고, 노동자를 공장의 부품처럼 여기는 사장도 있으며, 채용 비리를 저질러 자기 자식만 챙기는 정치인도 있고, 여성을 성적 노리개로 여기는 남성들도 있다. 인간을 인간으로 여기지 않는 사람은 특별한 괴물이 아니다. 바로 우리 마음속에 자리 잡은 관습적 사고와 이기적 욕심이 우리를 그렇게 만든다. 인권의 출발은 평등이다. 기계적 평등이 아니라 배려와 나눔의 태도다. 인간 존재 자체에 대한 고귀함과 존엄을 받아들이는 마음에서 인권은 출발한다.

인권 감수성은
권리이자 의무다

에마뉘엘 마크롱은 2017년에 프랑스의 대통령으로 당선됐다. 마크롱은 원내 의원이 한 명도 없는 신당을 창당해 집권 사회당과 제1야당인 공화당을 무너뜨리고 39세에 역대 최연소의 나이로 프랑스 대통령이 되었다. 15세에 만난 기혼의 여교사와 사랑에 빠져 우여곡절 끝에 결혼한 이야기도 화제가 되었다. 그가 비슷한 시기에 대선을 치른 대한민국의 대선 후보였다면 어땠을까. 원내 의석 수 제로, 의심스러운 국정 운영 능력, 연륜과 경험 부족, 부도덕한(?) 사생활 등 네거티브 공세에 밀려 며칠 못 버티지 않았을까. 그가 내세운 정책이나 리더십과 무관하게 우리는 후보의 배경, 나이, 사생활을 문제 삼았을 것이다. 정치인을 선택하는 기준과 방법이

다르고 문화와 전통에 차이가 있으니 당연한 이야기일 수도 있지만, 개인의 능력과 사생활을 분리시켜 생각하는 태도가 부럽기도 하다.

프랑스는 인권의 시발점이다. 인권이라는 용어는 프랑스혁명 이후 프랑스 국회가 1789년 헌법 서문으로 채택한 「인간과 시민의 권리 선언」에 처음 등장한다. 시민의 권리가 곧 인권 개념의 출발이라고 볼 수 있다.

1793년 1월 21일, 루이 16세는 혁명주의자들로부터 사형을 선고받고 단두대에서 처형되었다. 인류 역사상 가장 극적인 장면이 아닌가 싶다. 성난 민중은 감히 범접할 수 없었던 왕의 목을 쳤다. 이는 절대 권력의 몰락이었으며 권력은 국민에게 있음을 선포하는 사건이었다. 아이러니하게도 왕권의 몰락이 인권의 출발인 셈이다. 이는 여전히 유효하다. 대체로 인권은 돈도 없고 '빽'도 없는 사람들이 국가의 폭력으로부터 보호받을 수 있게 하는 권리이며 소외된 이웃들이 사람답게 살아갈 수 있는 법적, 도덕적 기준이다. 지금은 인권의 개념이 확대되어 교육, 의료 서비스는 물론 기본소득에 대한 고민으로 이어진다. '사람답게' 산다는 말은 기준과 방법에 따라 여러 가지 의미를 내포한다. 기본적인 생활이 가능하도록 함께 살아가는 방법을 모색하는 것은 우리의 의무이자 권리이기도 하다.

자연 상태의 인간은 한없이 나약하다. 다른 동물에 비해 생존에 필요한 신체 능력이 부족하다. 이런 동물들의 특징이 바로 군집 생활이다. 인류는 생존을 위해 협업이 필수였으며, 도구와 불을 활용하고 언어를 사용하면서 특별한 존재가 되었다. 집단생활에는 리더가 필요했고, 공동체 내부에 질서가 만들어졌다. 이 과정에서 각자가 맡은 역할에 따라 '권력'의 차이가 생겼다는 걸 짐작할 수 있다. 인간과 인간 사이에 계급이 발생한 것이다. 고대사회에서 중세로 넘어오면서 종교가 결합해 사회 계층은 더욱 복잡해진다. 계층에 따라 사람마다 누릴 수 있는 권리와 지켜야 하는 의무가 달라졌다.

이 과정에서 자연스레 사람에게도 등급이 매겨졌으며 귀한 사람과 천한 사람이 있다는 생각이 굳어졌다. 목숨 값도 달랐고 능력과 역할도 차이가 난다고 믿었다. 오랜 시간에 걸쳐 만들어진 전통과 문화는 고정관념으로 굳어졌으며 수많은 편견과 차별을 낳았다. 한 사회의 관습은 다음 세대로 전해진다. 관습과 문화는 법과 제도보다 고치기 어렵고 변하지 않는 속성을 가지고 있다. 겉으로는 누구나 민주주의의 가치를 내세우지만 속마음까지 민주적이진 않다. 우연히 얻은 부모의 사회적 지위와 재산을 자신의 가치로 착각하거나 돈과 권력과 명예를 가진 사람의 인권과 그렇지 않은 사람의 인권에는 차이가 있다는 생각을 가진 사람들이 생각보다 많다. 권위주의 시대의 인권침해는 수많은 형태의 억압으로 일상을 지배한다. 우리 안에 잠자고 있는 차별과 무의식적 편견은 없는지 한번 생각해보자.

현대사회는 어떤가? 왕과 귀족, 평민과 천민으로 나뉘었던 신분제가 무너지면서 사람들은 '인간은 모두 평등하다'는 생각을 갖게 되었다. '신 중심 사회'에서 '인간 중심 사회'로, 농경 사회에서 산업 사회로 이행하는 과정에서 민주주의와 자본주의 시스템이 자리 잡았다. 하지만 부와 권력은 소수 기득권층에 집중되었고, 눈에 보이지 않는 사회 계층은 여전히 존재한다. 모든 인간이 평등하다는 생각은 근대 이후에 탄생했다. 과거에는 계급에 따라 권리와 의무가 다르다는 것이 상식이었다. 인권 개념은 문명이 발달하는 과정에서 생긴 발명품이다. 인권에 대한 자각과 끊임없는 노력이 없으면 인류의 위대한 발명품은 잊힐 수도 있으며 지역과 국가에 따라 무용지물이 될 수도 있다.

현실적으로 인권은 정치, 경제, 문화, 예술, 종교 등의 문제와 복잡하게 얽혀 있다. 오랜 시간에 걸쳐 형성된 전통과 문화는 때때로 인권과 충돌한다. 관습적 사고와 행동은 인권 감수성의 가장 큰 적이다. 따라서 의식적인 관심과 노력이 없으면 인권도 없다. 인권은 거창하고 추상적인 개념이 아니다. 무심하게 지나쳤던 사람들의 말과 행동이나 타인을 판단하는 자기 생각의 기준을 돌아보는 것만으로도 인권 감수성이 길러진다. 문제의식이 없으면 인권 의식도 자라지 않는다.

'부장님'으로 상징되는 기성세대의 갑질, '너 몇 살이야?'로 시작되는 장유유서의 폐해, '여자가 말이야', '사내가 돼가지고'로 시작되는 성차별, 아버지의 말이라면 거스를 수 없는 가부장제 등 우리 생활 곳곳에 차별 의식은 단단하게 고정되어 있으며 인권은 간단히 무시된다. 불평등, 불합리한 질서와 문화에 익숙해지면 불만을 표현하는 것조차 금기시된다. 연장자, 남자, 부자는 그 자체로 권력이다. 나이가 어리거나 여성인 게 잘못은 아니다. 가난하거나 권력이 없는 사람이 실수한 게 아니다. 인종, 종교, 국적에 따른 차별도 마찬가지다. 차이가 아닌 차별적 시선은 타고난 게 아니라 만들어진다.

감수성이란 외부 세계의 자극을 받아들이고 느끼는 성질이다. 인권 감수성은 인권 문제에 대한 민감성의 정도를 말한다. 다시 말해 타인에 대한 관계, 사회적 제도 안에서 벌어지는 불합리하고 부조리한 일들을 인권 차원에서 감지할 수 있는 능력이다. 인권 감수성은 차별 없는 세상을 꿈꾸는 우리 모두가 갖춰야 할 민주 시민의 기본적인 태도이며 세상살이에 반드시 필요한 도구다.

프랑스혁명에서 싹튼 인권

"듣고 있는가? 분노한 민중의 노래. 다시는 노예처럼 살 수 없다 외치는 소리! 심장박동 요동쳐 북소리 되어 울리네. 내일이 열려 밝은 아침이 오리라. 모두 함께 싸우자. 누가 나와 함께하나. 저 너머 장벽 지나서 오래 누릴 세상. 싸우리라. 싸우자. 자유가 기다린다." 영화와 뮤지컬로 익숙한 〈레 미제라블〉에 등장하는 〈민중의 노래〉다. 이 작품의 역사적 배경은 프랑스혁명이다. 그렇다면 "무기를 들어라, 시민들이여. 대오를 맞추어라. 나아가자, 나아가자. 더러운 피로 우리의 밭고랑에 물을 대자"라는 선동적인 내용의 노래도 들어보았는지 궁금하다. 바로 프랑스의 국가 〈라 마르세예즈〉다. 이들은 왜 이렇게 과격한 노래를 국가로 채택했을까?

영국의 식민지였던 미국은 1776년 7월 4일 독립을 선언

여덟 ○ 모든 인간은 정말 평등할까?

한다. 프랑스가 미국의 독립전쟁에 막대한 지원을 하면서 심각한 재정 문제에 빠지자, 루이 16세는 175년 만에 사제와 귀족, 그리고 제3신분인 평민으로 구성된 삼부회를 소집한다. 또 그는 국정 개혁을 위해 면세 특권을 폐지하고 과세 평등을 실현하려 했으나, 사제와 귀족 등 특권층의 격렬한 반대에 부딪힌다. 어느 사회나 그렇듯이 기득권의 저항은 개혁의 가장 큰 걸림돌이다. 아이러니하게도 이 과정에서 제3신분에 의해 국민의회가 탄생했고 프랑스혁명이 촉발되었다. 그리고 앞서 말한 대로 루이 16세와 왕비 마리 앙투아네트는 단두대의 이슬로 사라졌다.

　미국의 정치학자 토머스 페인Thomas Paine은 1776년 1월에 소책자 『상식Common Sense』을 발표한다. 그는 여기서 군주제와 권력의 세습적 계승을 비판하고, 영국의 식민지 아메리카의 독립을 강력하게 주장한다. 미국 독립의 영향을 받은 프랑스는 1789년 바스티유 감옥 습격으로 시민혁명을 시작한다. 이른바 구체제가 붕괴되는 상징적인 사건이었다. 혁명이 시작된 뒤 토머스 페인은 『인권The Rights of Man』 1부를 발표하고, 다음 해 영국으로 건너가 2부를 완성한다. 이 책은 미국의 독립과 프랑스혁명에 절대적인 영향을 끼쳤다. 1부는 프랑스혁명을 비판한 영국의 보수주의 정치가 에드먼드 버크Edmund Burke의 공격에 대한 답변 형식으로, 혁명의 중요성과 정당성을 밝힌다. 또 인간의 평등권은 찬란하고 거룩한 권리라고 주장한다.

당시 프랑스 사회를 잠시 살펴보자. 인구 2,700만 명 가운데 10만 명에 불과한 제1신분 성직자는 전국 토지의 10분의 1을 차지했고, 제2신분인 40만 명의 귀족은 토지의 5분의 1을 차지하고 있었다. 게다가 이들은 세금, 부역 등에서 다양한 특권을 누렸다. 절대왕정이 중심이 된 신분제와 세습제라는 낡은 제도, 과중한 세금은 대다수 국민의 삶을 고통스럽게 만들었다. 프랑스혁명을 옹호하며 그간 왕과 귀족의 세습을 비판하고 불평등한 인간의 권리를 지적한 토머스 페인의 용기는 모두를 놀라게 했다. 루소의 『사회계약론』 등 계몽주의 사상가들의 이론이 프랑스혁명에 지대한 영향을 끼쳤다면, 토머스 페인은 '인권'을 중심으로 혁명의 정당성과 필요성을 역설했다.

자연권은 인간이 존재하는 데 따르는 권리다. 이런 권리에는 모든 지적 권리와 정신적 권리, 그리고 타인의 자연권을 침해하지 않는 한 자신의 안락과 행복을 위해 개인적으로 행동할 수 있는 권리가 모두 포함된다.

시민권은 인간이 사회 구성원이라는 데 따르는 권리다. 모든 시민권은 개인에게 이미 존재하는 자연권을 기반으로 한 것이지만, 모든 개인이 그것을 실제로 누릴 처지에 있지는 않다. 시민권에는 안전과 보호에 대한 모든 권리가 포함돼 있다.★

시민권은 자연권에서 나온다는 주장이 눈길을 끈다. 자유와 평등의 가치는 모든 인간이 갖고 태어나는 침해할 수 없는 권리라는 뜻이다. 왕권 국가의 왕도, 민주주의 국가의 대통령도 이 권리는 침해할 수 없다. 국가는 주권을 가진 개인들이 상호 간 계약을 체결해서 만든 조직에 불과하기 때문이다. 국가는 그 자체로서 아무런 권리도 없으며 오로지 의무만 있을 뿐이다. 지금 시선으로 보면 지극히 자연스럽고 당연한 주장이다. 하지만 당대 상황을 고려하면 급진적이고 개혁적인 사상이다.

1776년은 조선의 왕 영조의 집권 마지막 해이다. 정조가 정권을 넘겨받던 시기에 서양에서는 시민권은 자연권이라는 주장이 상식이 되어가고 있었다. 민주주의와 인권은 우리

★ 토머스 페인, 『상식, 인권』, 박홍규 옮김, 필맥, 2004, 138쪽.

가 만든 자생적 개념이 아니다. 주체적인 능력을 길러 스스로 이룬 제도와 체제가 아니기 때문에 조금 더딘 속도로 우리 안에 자리 잡아가고 있는 건 아닐까. 전통적인 유교 문화가 지배하던 대한민국의 인권은 아직 갈 길이 멀다.

우리는 왕이 곧 나라인 시대를 지나왔다. 이 땅은 모두 왕의 소유이며 이 땅에 살고 있는 백성들조차 왕의 것이라는 생각이 상식인 역사를 통과했다. 왕과 백성이 평등하다는 생각을 동양의 정치제도로 받아들이는 데 어려움이 많았던 이유다. 아직도 대통령이 곧 국가라고 생각하는 사람들이 있다. 그러니 자유와 평등에 대한 인식은 제각각이다. 인권이라는 개념도 낯설고 익숙하지 않다. 하지만 이런 생각이 현대 민주주의 국가의 기틀을 마련했다. 프랑스혁명은 모든 특권을 없애고, 귀족을 몰아내고, 종교의 자유를 인정하면서 「인간과 시민의 권리 선언」으로 화려한 꽃을 피웠다. 토머스 페인은 "자유를 위해 세워진 이 위대한 기념비가 압제자에게 교훈으로, 압제받는 자에게는 본보기로 이바지할지어다!"라는 라파예트 후작의 말을 인용해 인권 선언의 정신을 강조했다.

국가와 개인,
개인과 개인 사이의 인권

인간이 사회적 동물이라는 데 이의를 제기하는 사람은 없다. 인간은 원시 자연 상태에서 필요에 의해 집단생활을 시작했고 이 과정에서 점차 문명을 이룩했다. 그렇다면 '국가'는 어떻게 만들어졌을까? 국가의 기원에 대한 이론은 다양하다. 그중에서 홉스, 로크, 루소 등이 주장한 사회계약설이 현대적 의미의 국가 형태를 설명하는 적절한 모델이다. 다수의 사회 구성원이 어떤 목적을 달성하기 위해 소수의 지배자를 뽑아 계약을 맺는 형태가 민주주의 정치 구조를 가장 잘 설명해준다.

국가는 사회와는 조금 다르다. 사회가 자연 발생적이라면, 국가는 인위적인 계약에 의해 형성된 개념이다. 물론 그 주권은 국민에게 있으며 국민의 대표는 일시적으로 국민들의 권한을 위임받은 사람일 뿐이다. 지방자치단체장부터 대통령까지 선거를 통해 선출된 사람은 언제든 국민에 의해 소환될 수 있다. 그럼에도 우리가 겪는 인권침해는 국가의 합법적인 폭력에 의해 발생할 때가 많다. 4·19 혁명 당시 시위대 총격, 동백림 간첩 조작 사건, 5·18 민주화운동 당시 민간인 학살, 박종철 고문치사 사건, 물대포에 맞아 사망한 백남기 농민 사건 등 국가의 폭력 행위는 일일이 나열하기 힘들 만큼 많고 끔찍했다. 피해자들의 고통은 외면받았고 그들의 목소리는 잊힌 경우가 많다. 그래서 톨스토이는 '국가는 폭력'이라고 선언했는지도 모른다. '국가인권위원회'가 있는 나라에서 여전히 공권력으로 국민의 생명과 재산을 보호하지 못하는 현실을 어떻게 받아들여야 할까?

개인과 개인 사이의 인권은 '평등'이 전제될 때 가능하다. 차별은 우월감, 선민의식에서 시작된다. 데이트 폭력, 특정 지역 비하, 학교 왕따, 비정규직 차별, 직업에 대한 편견 등 일상적으로 차별적 시선을 받아들이는 현실에서 인권이 설 자리는 없다. 나이가 어리다고 반말하지 말자, 갑질하는 손님이 되지 말자, 감정 노동자를 존중하자, 돈 없는 사람을 무시하지 말자, 몸이 불편한 사람을 배려하자, 학벌로 사람을 평가하지 말자, 직업에 귀천을 두지 말자……. 일상생활에서 지켜야 할 인권은 거창한 이론이나 학문적 개념이 아니라 타인에 대한 존중과 배려로도 충분하다. 순수한 아이의 눈으로 타인을 바라볼 때 비로소 한 인간의 참모습이 보인다. 그렇게 진정성 있는 마음을 가질 때 인권이 실현된다.

하준이 경험한 학교, 군대, 사회는 전쟁터 혹은 정글로 비유할 수 있겠다. 경쟁을 피할 수 없고 욕망을 억제하기 힘든 세상이기 때문이다. 나눔과 배려의 가치는 자신의 이익과 상황에 따라 다르게 적용된다. 간간이 뉴스로 전해지는 세상 소식에 분노하고 혀를 끌끌 차지만 막상 현실에서는 하준도 갈등할 때가 많다. 세상을 살아가는 기본적인 태도야 변함없지만 내 일이 아닐 때는 외면하기 쉽고, 타인의 불행을 보며 안도감이 들 때도 있다. 나 혼자 세상을 바꿀 수도 없는 노릇이고 사람들의 생각을 뜯어고칠 수는 없다고 자위한다. 하지만 마음 한구석 이건 아닌데 싶은 씁쓸한 마음까지 지울 수는 없다.

가정과 직장, 공공장소에서 생각 없이 하는 말과 행동이 우리가 사는 세상의 인권 의식을 그대로 반영한다. 대접받고 싶은 대로 남을 대하라는 금언을 인권의 기준으로 삼으면 어떨까. 내 연인과 가족, 이웃에게도 마찬가지다. 상대방의 배경과 조건이 아니라 '인격'을 보는 눈을 가져야 한다. 우리가 조심해야 할 것은 외모, 직업, 나이, 성별 등 눈에 보이는 대로 사람을 판단하는 태도다. 인생에서 가치 있는 건 대체로 눈에 보이지 않거나 힘없는 존재일 때가 많다. 인권은 타인의 마음을 들여다보려는 노력이 아닐까.

헌법에 명시되어 있는 기본적인 권리들을 떠올려보자. 헌법은 우리 사회가 지향하는 가장 기초적이고 근본적인 가치를 담고 있다. 국가는 개인의 권리가 침해받지 않도록 최선을 다해야 하며 개인과 개인 사이의 갈등과 충돌을 조정하고 사회 통합을 위해 노력해야 한다. 헌법 수호 의지가 약한 정치인, 국가기관, 공무원이 인권을 무시하고 차별할 때도 많다. 공적인 영역의 법적, 제도적 인권과 생활 속 인권은 별개가 아니다. 국가가 개인의 인권을 생각하는 수준이 개인과 개인 사이의 인권을 가늠케 한다.

국가는 아무런 권리도 갖지 못하면서 오로지 의무만 다해야 한다. 개인과 국가권력은 힘의 균형이 불가능하지만 개인과 개인의 관계는 다르다. 각자 권리와 의무가 동등하며 민주적 질서에 의해 대체로 법 앞에 평등을 보장받기 때문이다. 장애인, 외국인 노동자는 물론 성소수자의 인권까지도 당연히 존중받는 세상은 불가능할까? 나의 인권이 중요한 만큼 타인의 인권도 소중하다. 인권은 개인의 조건과 상황에 따라 상대적으로 달라지는 권리가 아니라 절대적인 것이며, 우리가 함께 지켜야 할 의무가 있는 권리다.

인간에 대한
기본적인 예의

호주에서는 무더위 속 차량에 동물을 방치하면 벌금으로 최대 7만 7,730호주달러(한화 약 6,500만 원)를 부과하거나 징역 2년에 처한다. 어린이를 차량에 방치했을 때 벌금이 최대 4,000호주달러이니, 그보다 약 20배나 많은 금액이다. 이것은 어린이보다 동물이 소중하다는 의미가 아니다. 생명에 대한 존중이며 동물까지도 차별하지 않으려는 인간의 배려다. 이런 나라에서는 인권에 얼마나 세심하게 접근하겠는가. 우리가 흔히 외국의 사례를 들어 이야기하는 이유는 단순한 부러움이나 선망이 아니다. 우리 현실을 돌아보고 더 나은 세상을 만들기 위한 노력이다.

흑인이 노예가 아닌 인간이라고 선언한 미국의 16대 대통령 링컨의 '노예 해방 선언'은 불과 150여 년 전에 이루어졌다. 여성에 대한 차별은 인종차별보다 더 심각했다. 백인 여성은 흑인 남성보다 투표권을 늦게 획득했다. 미국에서 여성이 투표권을 갖게 된 것은 채 100년이 안 된다.

과연 나 혼자만 행복한 세상이 존재할까? 타인을 배려하고 사랑하며 더불어 행복한 세상은 자유와 평등에 기초한

'인권'이 보장되는 사회다. 국가라는 이름으로, 많은 사람을 통제하기 위한 방법으로, 기득권을 지키기 위한 수단으로 인권을 억압할 수는 없다. 우리에게 익숙한 관습, 문화, 전통 속에는 비인격적, 반인권적 요소가 많다. 따라서 개인의 노력뿐 아니라 사회적 합의를 통한 법과 제도의 개선도 필요하다. 인권은 무엇보다 사람이 우선인 세상을 만들려는 자각과 노력으로 지켜진다. 인권 감수성은 인간에 대한 가장 기본적인 예의를 지키려는 마음이다.

'여태 결혼 못 했어?', '애는 몇이에요?', '사시는 동네는 어디죠?', '아버지는 무슨 일 하시니?', '당신 몇 살이야?', '고향이 어디예요?', '어느 대학 나오셨어요?', '연봉 얼마나 받으시나요?' 아무 생각 없이 던지는 이런 질문은 상대방에 대한 배려가 없는 태도가 아닐까? 미국의 사회학자 어빙 고프먼은 1970년대 "예의 바른 무관심civil inattention"이란 개념을 제시했다. 현대인에게 요구되는 기본적인 예의 중 하나가 아이러니하게도 적당한 무관심이다. 불편한 호기심과 쓸데없는 참견을 상대방에 대한 관심으로 착각하지 말라는 의미다. 넓은 개념의 인권 감수성은 타인을 불편하게 하는 말과 행동에 대한 자각을 포함한다. 자신의 의도와 생각이 호의라고 억울해하지 말고, 타인의 입장을 먼저 고려하는 게 좋다.

여덟 ○ 모든 인간은 정말 평등할까?

어느 드라마에 '당신과 나의 시간은 다르다'라는 대사가 나온 적이 있다. 정규직과 비정규직의 시간이 다르고, 1만 원도 안 되는 최저임금을 받는 알바생의 시간과 연봉 수십억을 받는 회장님의 시간은 정말 그 가치가 다를까? 사람마다 삶의 목적과 방식이 다를 뿐, 시간은 누구에게나 똑같은 가치가 아닌가. 인권은 아주 작은 생각의 차이에서 출발한다. 민주 시민으로서의 권리와 의무는 나만큼 소중한 타인에 대한 배려에서 시작된다. 나와 너는 다르면서 같다.

함께 읽어볼 만한 책

김동춘 외 엮음, 『편견을 넘어 평등으로』, 창비, 2006.

김두식, 『불편해도 괜찮아』, 창비, 2010.

류은숙, 『심야 인권 식당』, 따비, 2015.

모리스 크랜스턴, 『자유와 인권』, 황문수 옮김, 문예출판사, 2014.

박경서 외, 『인문학이 인권에 답하다』, 철수와영희, 2015.

박경서, 『인권이란 무엇인가』, 미래지식, 2012.

박재동 외, 『십시일반』, 창비, 2003.

박홍규, 『불편한 인권』, 들녘, 2018.

샌드라 프레드먼, 『인권의 대전환』, 조효제 옮김, 교양인, 2009.

장 자크 루소, 『사회계약론』, 김성은 옮김, 생각정거장, 2016.

조효제, 『조효제 교수의 인권 오디세이』, 교양인, 2015.

존 로크, 『시민정부론』, 마도경 옮김, 다락원, 2009.

최현, 『인권』, 책세상, 2008.

토머스 페인, 『상식, 인권』, 박홍규 옮김, 필맥, 2004.

토머스 홉스, 『리바이어던』, 최공웅 외 옮김, 동서문화사, 2009.

프란츠 파농, 『검은 피부 하얀 가면』, 이석호 옮김, 인간사랑, 1998.

한겨레21 편집부 엮음, 『일어나라 인권 OTL』, 한겨레출판, 2009.

아홉 ○

자격지심과 콤플렉스는
어디서 오는 걸까?

○ 생각의 좌표는 개인적 경험과 사회화 과정을 통해서 만들어진다. 그렇게 형성된 프레임을 바꾸는 일은 산을 옮기는 일보다 힘들다. 그 틀 안에 갇혀 우물 안 개구리로 살아갈지, 아주 조금 보이는 푸른 하늘이 궁금해 우물 밖으로 나와 무지개를 볼지는 각자 선택할 문제다.

확신에 찬 신념, 합리적 의심?
그것이 문제로다

'지구가 돈다고? 너 미친 거 아냐?' 지구가 둥글다, 지구가 돈다는 말은 정신 나간 사람이나 하는 생각이라고 믿던 시대가 있었다. 16세기까지 태양이 지구 주위를 돈다는 생각이 과학적 진리였다. 하지만 많은 사람들의 믿음과 진실은 거리가 멀 수도 있다. 과학자의 주장이라고 해서 영원한 진리가 될수도 없다. 우주가 충실한 기계처럼 한 치의 오차도 없이 작동하는 시계 장치와 같다는 뉴턴의 과학 체계는 20세기에 대두된 불확정성 원리나 카오스이론으로 반론에 부딪친다. 카오스이론에 따르면 서울 광화문 하늘을 나는 나비 한 마리의

아홉 ○ 자격지심과 콤플렉스는 어디서 오는 걸까?

날갯짓이 뉴욕에 엄청난 허리케인을 초래할 수도 있다. 초기 조건의 미세한 변화가 예측하기 어려운 거대한 파장을 불러 일으킬 수 있다.

사람도 그렇지 않은가. 많은 경우의 수를 예상해도 언제나 당황스러운 일과 마주치고 상상할 수 없는 반응을 접할 때가 있다. 사람은 기계가 아니고 인생에 항시 적용되는 공식은 없다. 그때 내가 이렇게 했더라면, 그때 내가 그걸 선택했더라면, 그때 내가 다른 사람을 만났더라면⋯⋯. 한 번쯤 이런 생각을 해보지 않은 사람은 없다. 상상 속에서 과거의 선택을 바꿔보자. 지금 내 삶은 어떤 모습일까.

영화 〈나비 효과〉는 이런 상상을 보여준다. 과거로 돌아가 내가 했던 말과 행동을 바꾼다고 해도, 다른 선택을 해도 현재의 행복이 배가되지는 않는다. 과거와 현재는 마치 정교한 계산기처럼 현재의 행복과 불행을 플러스와 마이너스로 계산한다. 얻는 게 있으면 잃는 게 있고 잃는 게 있으면 얻는 것도 있는 법이다. 풍선 효과처럼 공기의 양은 그대로인데 모양만 바뀌는 것과 같다는 게 영화의 메시지다.

수연은 비혼을 선언한 직장인이다. 사랑하는 사람에게 청혼을 받았지만 결혼을 생각하면 행복한 미래가 그려지지 않았다. 현실적인 문제들이 하나하나 마음에 걸렸다. 친구와 주변 사람들의 결혼 생활을 속속들이 알 수는 없지만 그들이 부럽지 않았다. '만약 결혼을 한다면?'과 '결혼하지 않고 혼자 산다면?'이라는 두 가지 상황을 수없이 고민해서 얻은 결론이다. 힘들고 어려운 가정법이다. 정답도 없고 맞고 틀린 게 정해져 있는 결정도 아니다. 사람마다 관점에 따라 다른 선택을 하고 그 과정과 결과를 수용하거나 후회한다. 수연도 확신과 의심 사이에서 매번 갈등하며 살아간다.

인간의 감각기관은 얼마나 믿을 만할까? 눈에 보이는 대상, 귀에 들리는 소리, 손으로 만져지는 물건은 사람마다 다르게 인식된다. 기억은 말할 것도 없다. 우리가 얼마나 불완전한 존재인지 확인하는 심리 실험은 여전히 진행중이다. 그럼에도 대부분의 사람들은 자신의 경험을 맹신한다. 직접 보고 듣고 느낀 것을 믿는 것은 당연하다. 그런데 타인이 보고 듣고 느낀 것은 왜 나와 다른가?

성급한 일반화의 오류에 빠지면 편견을 진실이라고 믿는다. SNS에 올라오는 소문들, 유튜브의 가짜 뉴스들, 친구들의 입으로 전해지는 '카더라 통신'까지 우리는 정보의 홍수에서 헤맬 때가 많다. 팩트 체크, 합리적 의심보다 자기 신념을 강화하는 정보에 귀를 기울이고 믿고 싶은 대로 믿는 게 편하다. 익숙한 사고 습관은 고치기 어려운 법이다.

합리적이고 이성적인 선택과 판단의 길은 멀고도 험하다. 우리가 가진 본능과 감각을 극복해야 하기 때문이다. '확신'과 '의심'의 거리는 우주처럼 넓고 바다만큼 깊다. 신념은 독선과 아집으로 흐려지기 쉽고 굳은 의지는 고집과 불통으로 이어진다. 확신에 찬 신념의 다른 이름은 고정관념 혹은 편견이다. 그것이 바로 우리가 경계해야 하는 확신의 함정이다. 우리는 모두 각자의 프레임으로 세상을 본다. 그 프레임을 리프레임하는 과정이 비판적이고 합리적인 의심이다.

앤더스 에릭슨은 어떤 분야에서 최고 수준의 성과를 내려면 하루 3시간씩 일주일에 20시간, 최소 10년 정도는 집중해야 한다는 '10년 법칙'을 제시했다. 말콤 글래드웰이 『아웃라이어』에서 주장한 1만 시간의 법칙이 그것이다. 그는 『블링크』에서 무의식적으로 눈을 깜박거리는 정도의 시간인 첫 2초의 중요성을 강조한다. 때로는 심사숙고보다 직관과 감각적 통찰이 정답인 경우가 많다는 의미다. 도대체 어쩌란 말인가. 잊지 말 것은 누구나 1만 시간을 투자하면 성공하는 것도 아니고, 자기 감을 믿다가 편견과 차별에 오염될 수도 있다는 사실이다. 세상에는 완벽하고 영원한 삶의 진리가 존재하지 않는다. 동전의 양면처럼 맥락에 따라 상대적이고 합리적인 선택과 판단을 위해 최선을 다할 뿐이다. 우리는 그만큼 불확실하고 미숙한 존재라는 사실을 인정해야 한다. 관점에 따라, 보는 위치에 따라 세상은 다르게 보인다. 서 있는 곳이 다르면 풍경도 달리 보인다.

우리는 보고 싶은 것만 보고 듣고 싶은 것만 듣는다. 등잔 밑이 어둡다는 속담은 가까운 곳을 보지 못하는 맹점을 지적하는 말이다. 인간은 감각기관과 그것을 인지하고 판단하는 뇌가 얼마나 오류투성이인지 잘 모른다. 뇌의 착각, 생각의 오류, 개인적 편견은 이런 착각과 오해에서 비롯된다. 확신에 찬 신념은 의외로 많은 부작용을 낳는다. 합리적 의심은 피곤하지만, 적어도 바보가 될 염려는 덜어준다.

차이와 차별은 다르다

한국전쟁 당시 부모를 잃고 전쟁고아가 되었던 아이들이 이제 70대가 훌쩍 넘었다. '기브 미 쪼꼬렛give me chocolate'을 외치며 군용차를 쫓아가던 아이들에게 미군은 영웅이었다. 전쟁이 끝나고도 미국은 정치, 경제, 문화 등 다양한 분야에서 우리에게 지속적으로 영향을 미쳤다. 하얀 얼굴과 영어가 풍기는 이국적인 매력 때문인지, 우리나라를 구하러 왔다는 환상 때문인지 많은 사람들이 미국 유학이나 이민을 꿈꿨다. 우리보다 훨씬 잘사는 나라, 넓은 땅덩어리와 풍부한 물자로 가득한 나라, 과학기술이 눈부시게 발달한 나라, 자유와 평등이 실현된 민주주의의 나라에서 행복하게 살고 싶다는 아메리칸드림은 지금도 완전히 사라지지 않았다.

우리는 근대화 과정에서 서양의 과학기술을 받아들여야 했고, 거의 모든 학문 분야에서 새로운 이론과 연구 성과를 배워야 했다. 정치와 경제 분야의 준거집단은 언제나 미국을 포함한 서구 선진국이다. 외국의 사례가 빠진 논문과 책은 찾아보기 힘들고, 유학파는 여전히 어깨에 힘을 준다. 학문과 문화는 물론 정치와 경제 등 사회 각 분야에서 서양의 영향력은 절대적이다. 미국과 유럽, 즉 서양에 대한 동경과 열망이 동양의 조그만 반도국을 지배한 결과다. 과거 중국에 대한 사대주의가 미국과 유럽으로 옮겨 간 것일까. 인종과 지역에 대한 편견 때문일까. 해외여행이라 하면 당연히 유럽여행이라고 생각했던 시절이 멀지 않다. 낭만적인 파리, 세련된 뉴욕, 신사적인 런던……. 서양을 바라보는 시선은 대체로 부러움과 열등감이다.

조선 왕조의 멸망과 일제강점기, 한국전쟁으로 이어진

우리의 근현대사는 민족적 자부심과 문화예술에 대한 자긍심에 커다란 상처를 남겼다. 삼면의 바다와 북한과의 대치 상황, 부족한 물적 자원, 치열한 생존경쟁 때문에 여유를 빼앗기고 자유분방한 사유를 못 하게 된 게 아닐까.

수연은 여러 차례 해외여행을 하면서 우리와는 다른 사람들과 그들의 문화에 적잖은 충격을 받았다. 삶의 태도와 방법 자체가 전혀 달랐기 때문이다. 다르기 때문에 좋거나 우리가 틀렸다고 생각진 않지만 수연은 '다양성'에 눈을 뜨게 됐다. 그러는 동안 마음 한구석에서 한국에 없는 것들에 대한 동경이 생겼고 때때로 자신의 생각과 행동을 돌아본다. 획일적이고 맹목적이라고 할 만큼 유행에 민감한 사람들과 교육, 직업, 결혼, 육아 등 비슷한 욕망을 갖고 사는 사람들이 새롭게 보이기 시작했다. 대체로 동양인과 서양인은 왜 다를까? 무엇이 그 차이를 만들었을까?

근대 이후 문명 발달의 헤게모니를 쥔 서양은 동양에 비해 무엇이 나은가? 물론 동양과 서양은 역사적 배경, 문화적 전통, 민족적 특성, 지리적 환경 등에서 분명히 '차이'가 있다. 하지만 그들이 우리를 보는 시선, 우리가 그들을 보는 시선은 차이가 아닌 차별에 가깝지 않을까. 18세기 이전까지 과학기술을 비롯한 학문과 예술 등 거의 모든 분야에서 동양은 서양을 앞질렀으나, 불과 몇백 년 만에 상황이 역전되었다. 그 원인과 과정에 대해서 지금도 논의가 이어지고 있다. 수연이 궁금한 점은 과연 서양인이 동양인보다 우월한 능력을 가졌는지의 문제다. 작은 실험을 하나 살펴보자.

원숭이, 판다, 바나나를 포착한 세 장의 사진이 있다. 이 중에 관계가 있다고 생각하는 사진 두 장을 골라보자. 원숭이와 바나나, 아니면 원숭이와 판다? 아마 판다와 바나나를 고른 사람은 없을 것이다. 미국의 심리학자 리처드 니스벳 Richard E. Nisbett은 동양에서 유학 온 학생들의 생각과 행동이 미국 학생들과 다르다는 것을 눈여겨봤다. 그리고 몇 가지 관찰과 실험을 통해 학생들의 '차이'에 주목하기 시작했다. 한 가지 실험을 더 해보자. 30초 동안 어항을 쳐다본다. 실물도 좋고 사진도 상관없다. 그리고 장소를 옮겨 어항을 보지 않고 기억을 더듬어 종이에 어항을 그려보자.★

실험에서 미국과 유럽의 학생들은 '동물'이라는 점에 착안해 원숭이와 판다 사진을 골랐고, 어항의 '중심'인 커다란 물고기의 지느러미와 비늘까지 세세하게 집중해서 그렸다. 하지만 중국, 일본, 한국의 유학생들은 원숭이와 바나나의

★ 리처드 니스벳, 『생각의 지도』, 최인철 옮김, 김영사, 2004.

'관계'에 주목했고, 물고기를 대충 그리는 대신 어항의 수초와 자갈 등 주변 환경까지 '전체'를 묘사했다. 이것은 서양인과 동양인에 대한 성급한 일반화의 오류가 아니라 뚜렷하고 분명한 생각의 '차이'다.

동양인은 종합적으로 생각하며 사물과 사람 사이의 관계를 중시하지만, 서양인은 분석적으로 생각하며 사물과 사람 자체에 관심을 갖고 형식 논리와 규칙을 중시한다. 왜 이런 차이가 발생할까? 인종, 국가, 종교의 영향일까, 아니면 교육과 역사적 전통의 차이일까? 서양의 그리스 철학은 사물의 본질을 추구하지만, 동양의 중국 철학은 관계를 중시한다. 서양은 해상 무역 등 상업적 교류가 활발했던 탓에 설득과 토론에 익숙했지만, 동양은 주로 농업 중심 사회로 협업이 매우 중요했다. 지리적 조건, 자연환경, 전통과 문화의 차이 때문에 생각의 차이가 발생한 것이다.[*] 이런 차이 때문에 서양이 우월하거나 동양이 열등하다고 볼 수는 없다. 차이를 인정하지 않는 태도가 차별이다. 관점의 차이가 수많은 편견과 차별을 만드는 원인이다.

서양에 대한 콤플렉스가 수연의 삶에 심각한 영향을 미

★ 재러드 다이아몬드, 『총, 균, 쇠』, 김진준 옮김, 문학사상사, 2005.

아홉 ○ 자격지심과 콤플렉스는 어디서 오는 걸까?

치는 건 아니다. 하지만 수연이 이 문제에 주목한 것은 일상생활에서도 차이와 차별을 구별하지 못하는 사람들과 부딪치기 때문이다. 인권 감수성이 부족하기 때문이라고 생각할 수도 있지만, 근본적으로 인간과 사물을 바라보는 관점과 태도에 문제가 있는 건 아닌가 싶은 생각이 든다. 하나의 관점은 타인과의 관계는 물론이고 직업 선택, 정치적 신념, 삶의 목표에까지 영향을 미친다. 모든 일에 우열을 가리고 등급을 매기고 순위를 정하는 태도가 삶을 힘겹게 하는 가장 큰 이유 중 하나다. 학교 성적부터 텔레비전 오디션 프로그램까지 1등만 살아남는 시스템을 받아들이는 건 여전히 쉽지 않은 일이다. 경쟁은 피할 수 없지만 다른 방식으로 세상을 살아갈 순 없을까.

아리스토텔레스의 명제에 따르면 사람은 이성적·합리적 동물이어야 하지만, 실제로 인간은 '자신을 합리화하는 동물'이다. 동서양이 상대를 바라보는 차별적 시선은 사실 능력의 우열 때문이 아니라 작은 차이를 인정하지 않는 태도 때문인지도 모른다. 그럼에도 여전히 우리의 생각을 지배하는 서양 콤플렉스, 그리고 서양인들의 동양인 비하는 어떻게 시작된 것일까?

동양을 바라보는 차별적 시선은
끊임없이 확대 재생산된다

'에드워드'라는 영국식 이름과 '사이드'라는 아랍식 성을 가진 에드워드 사이드는 영국령 예루살렘에서 태어난 아랍인이었다. 그의 정체성은 오리엔탈리즘을 살피는 데 더없이 적합해 보인다. 그는 이집트를 거쳐 미국으로 건너가 공부하면서 동양과 서양이라는 추상적 개념에 관심을 갖는다. 그때까지 '오리엔탈리즘'은 막연히 '동양학'이나 '동양 취미' 정도의 의미로 사용됐다. 여기서 동양은 우리가 생각하는 것처럼 한·중·일 3개국 등을 의미하는 게 아니라 서양 기준으로 근동의 이슬람 문화권과 중동 지역을 가리킨다.

에드워드 사이드는 전통과 문화의 차이가 아니라 동양에 대한 서양의 차별적 시선의 근원을 파헤쳤다. 사람들의 생각과 행동은 하루아침에 습관이 되지 않는다. 역사적인 고찰은 어떤 문제의 근본적인 원인을 들여다보는 1차적인 방법이다. 정치, 경제, 예술, 문화 등 다양한 분야에서 동양과 서양이라는 개념이 어떻게 영향을 미쳤는지 또, 서양인이 가진 '동양'에 대한 개념은 어떻게 형성되었는지 살펴보자.

오리엔탈리즘을 논하고 그것을 분석할 때 그 출발점을 18세기 말로 잡는다면, 오리엔탈리즘은 동양을 취급하기 위한, 동양에 관하여 무엇을 서술하거나, 동양에 관한 견해에 권위를 부여하거나, 동양을 묘사하거나, 강의하거나 또는 그곳에 식민지를 세우거나 통치하기 위한 동업 조합적인 제도로 볼 수 있다. 간단히 말하자면 오리엔탈리즘이란, 동양을 지배하고 재구성하며 위압하기 위한 서양의 스타일이다.★

한마디로 오리엔탈리즘이란 동양에 대한 서양의 일방적 관점이며, 차별적 시선이다. 특정 지역과 민족에 대한 편견처럼 동양 전체에 대한 서양인들의 고정관념은 뿌리 깊고 단단하다. 겉으로 잘 드러나지 않지만 유색인종, 유대인에 대한 차별만큼 동양과 동양인에 대한 오해도 심각하다. 글로벌 시대, 네트워크 세상을 살면서 인권 감수성이 높아지고 차이와 차별쯤은 구별할 줄 안다고 생각하지만 대상에 대한 인상과 개념은 쉽게 변하지 않는다.

현재 유럽과 미국은 세계의 헤게모니를 쥐고 있다. 산업

★ 에드워드 사이드, 『오리엔탈리즘』, 박홍규 옮김, 교보문고, 2015, 18쪽.

혁명 이후 유럽 강대국은 원료 공급처이자 대량생산 제품의 소비자 확보를 위해 식민지를 개척했다. 식민지는 대부분 아프리카와 라틴아메리카, 그리고 동양의 여러 나라였다. 19세기 초부터 제2차 세계대전까지는 영국과 프랑스가 동양을 지배했고, 이후에는 미국이 절대적인 강자로 군림했다.

근대 이후에도 기독교와 이슬람교의 충돌은 거대한 소용돌이를 만들었다. 산업혁명과 제국주의 식민지 확장으로 문명이 충돌했고, 서양 강대국이 본격적으로 동양을 지배하기 시작한 것이다. 이 과정에서 생긴 동양에 대한 오해와 편견이 바로 '오리엔탈리즘'의 출발이다. 오리엔탈리즘은 개인의 편견이나 자본주의의 영향 때문이 아니라, 19세기 이후 동서양의 갈등과 전쟁, 식민 정부의 제도와 개입으로 인해 확고한 신념으로 자리 잡았다. 인류의 4대 발명품이라 일컫는 나침반, 종이, 화약, 도자기는 중국에서 이라크 바그다드를 거쳐 유럽으로 전수되었다. 하지만 근대 이후 과학기술의 주도권은 서양으로 넘어간다.

대항해시대의 출발은 중국의 정화선단이었다. 15세기에 이미 아프리카 동부 지역까지 항해를 마친 중국은 더 이상 외부 세계에 관심을 갖지 않았다. 거대한 영토와 앞선 과학기술, 문화적 자부심을 가진 중국은 문명의 교류 대신 쇄

국정책으로 일관했다. 반면 서양은 새로운 도전과 교류를 시
도하며 바다 건너 미지의 세계로 관심을 확대했다. 자본주의
출발과 맞물려 국가의 정책적 지원을 받은 서양인들이 뒤늦
게 지구 곳곳을 휘젓기 시작한 것이다. 불과 몇백 년 만에 전
세는 역전되었고, 그 열패감은 오늘에 이른다. 동양과 서양
의 '차이'가 아닌 동양에 대한 '차별'적 시선은 여전히 우리의
의식을 지배한다.

　잘 알려진 1492년 콜럼버스의 '신대륙 발견'도 관점의
차이를 극명하게 보여주는 사례다. 수천 년간 마야, 잉카 문
명을 이뤄 살던 원주민 입장에서 서양인은 약탈자, 침략자,
학살자에 불과하다. 근대화 과정에서 이성과 합리주의의 시
대를 열고 자본주의의 달콤한 열매를 맛본 서양은 제국주의
식민지를 확대했다. 서양인들은 힘의 우위를 확보한 후 군림
하고 지배하기 시작한 것이다. 식민지로 전락한 동양은 이때
부터 심각한 열등감에 시달린다. 자부심은 사라지고 지리적
배경, 인종적 특성, 역사적 토대가 모두 안타까움으로 뒤바
뀌었다. 모든 유럽인은 동양에 대해 필연적으로 인종차별주
의자이고, 제국주의자이고, 거의 전면적으로 자민족 중심주
의자라는 에드워드 사이드의 말을 부정하기 어렵다. 우리가
외국인 노동자에 대해 인종차별적 시선을 가지고 있는 것처

럼 말이다. 같은 미국인이어도 흑인을 원어민 교사, 영어 강사로 채용하지 않으려는 태도도 마찬가지다.

서구 제국주의는 자신들의 필요에 의해 동양을 신비화한 다음, 동양을 탐험하고 지배하며 착취해왔다. 문제는 서구인들의 동양 신비화가 단순히 낭만적 환상에 그치지 않고, 수세기에 걸쳐 정치적·경제적·군사적 영역으로 확대되면서 절대 진리로 자리 잡게 되었다는 사실이다. 물론 오리엔탈리즘의 바탕에는 힘의 논리가 작용한다. 차별은 구별 짓기의 기술이다. 이것은 한마디로 '백인'이 바라보는 동양이다.

서양이 동양을 바라보는 시선은 남성이 여성을, 백인이 흑인을, 부자가 가난한 자를, 정규직이 비정규직을 바라보는 시선과 다르지 않다. 이런 시선은 왜 불편할까? 그것은 눈에 보이고 손에 만져지는 뚜렷한 차이가 아니라 우리의 상상과 관념 속에서 만들어낸 결과이기 때문이다. 미국의 리비아 폭격, 아프가니스탄과 이라크 침공 그리고 9·11 테러 등 계속되는 미국과 이슬람 국가와의 충돌은 자국의 이익을 앞세운 오리엔탈리즘의 참혹한 결과다. 정치, 경제, 군사, 문화 등 모든 분야에서 서양과 동양은 여전히 갈등을 겪고 있다. 여기에는 단순히 힘의 역학 관계뿐 아니라 뿌리 깊은 오해와 편견이 작용한다.

우리는 국가 간 경계가 느슨해지고 시간과 공간의 개념이 희박해진 네트워크 시대에 살고 있다. 서양과 동양의 구별뿐 아니라 아프리카와 아메리카의 경계도 허물어지고 있다. 하지만 생각의 속도는 시대의 속도를 따라잡지 못한다. 사람들의 경험과 사고방식은 하루아침에 만들어진 것이 아니기 때문이다. 역사와 전통 속에 녹아 있는 생각의 좌표는 쉽게 바뀌지 않는다. 서양과 동양이 서로를 향해 차별적 시선을 가지고 있는 한 공존과 평화의 길은 멀고도 험하다. 타인과 세계를 바라보는 왜곡된 시선은 확대 재생산되기 쉽다.

2018년, 아이돌 그룹 '방탄소년단'의 노래가 미국의 빌보드 200 차트에서 두 번이나 1위에 올랐다. 전 세계 청소년들이 케이팝에 열광하는 현상을 보면 격세지감이 느껴진다. 동서양의 문화가 서로 영향을 주고받으며 그야말로 글로벌 시대, '호모 노마드'의 시대를 열었음을 실감한다. 국경과 민족과 인종을 뛰어넘어 지식과 기술뿐 아니라 문화와 예술 분야까지 융합되고 있다. 수연은 대한민국에서 살아가지만 동양의 작은 나라에 산다는 콤플렉스 대신 서양과의 차이를 들여다보고 다양한 삶의 형태를 고민한다. 일상생활 곳곳에서 드러나는 관점의 차이가 편견이 되지 않도록 스스로 경계하려 노력한다.

우리 생각의 좌표는
안녕하신지?

'또 너냐?', '아, 쟤 또 왜 저래?', '네가 그렇지, 뭐'와 같은 말들은 낙인이론의 사례다. 첫인상이 사람을 좌우한다. 학기 초, 이등병 시절, 신입 사원 때 어떤 사람인지 규정되면 쭉 그렇게 평가받을 가능성이 높다. 첫인상을 바꾸기는 쉽지 않다. 하나의 관점은 색안경이다. 다양한 관점은 3D, 4D 입체 화면이다. 어떻게 인간과 세상을 바라보는지는 각자가 결정한다고 생각하지만 생각의 좌표는 개인적 경험과 사회화 과정을 통해서 만들어진다. 그렇게 형성된 프레임을 바꾸는 일은 산을 옮기는 일보다 힘들다. 그 틀 안에 갇혀 우물 안 개구리로 살아갈지, 아주 조금 보이는 푸른 하늘이 궁금해 우물 밖으로 나와 무지개를 볼지는 각자 선택할 문제다.

홍세화는 "자기 성숙을 모색하지 않는 사람일수록, 개인으로서 내세울 장점이 없는 사람일수록, 자기가 속한 집단인 국가, 민족, 종교, 지역, 혈연, 출신 학교를 내세운다"[*]고 지적한다. 성별, 인종, 나이, 종교, 고향, 학력, 외모, 장애 등으

---

[*] 홍세화, 『생각의 좌표』, 한겨레출판, 2009, 131쪽.

로 인한 차별에 대해 우리는 분명히 반대한다. 하지만 서양을 바라보는 시선은 왜 그렇지 않은가. 관점을 바꾼다는 건 취향과 이론이 아니라 생활과 실천이다. 아파트 평수로 친구를 구별하는 엄마에게 아이들은 무얼 배울까. 사는 지역의 집값을 가늠하는 사람과의 소개팅이 사랑으로 이어질 수 있을까. 고향이 어디냐고 묻는 어르신의 속마음은 무얼까.

모든 사람은 자기 나름의 경험과 사고 과정을 거쳐 판단하고 행동한다. 그런데 경험과 사고의 오류에 대해서는 잘 돌아보지 않는다. 서양이 동양을 바라보는 시선만큼 우리가 서양을 바라보는 시선에도 문제가 많다. 지금 자신이 알고 있는 사실, 변하지 않는다고 믿는 진리도 하나의 관점에 불과하다. 감상적인 태도와 피상적인 접근 방식은 오해와 착각의 출발이다. 합리적이고 비판적인 생각도 연습이 필요하다. 연습하지 않으면 바로 자기 자신이 피해자가 될 수도 있다.

삶의 경험과 지식의 축적으로 우리는 직관과 감각을 갖게 된다. 복잡하고 다양한 문제 상황에서 작용하는 직관은 고정관념으로 굳어질 위험성도 내포하고 있다. 각자의 취향과 개성은 존중받아 마땅하지만 편견과 독선은 스스로 불행을 자초하는 법이다. 정치적 신념, 종교적 도그마 등 우리 안에 콘크리트처럼 굳어버린 관점을 점검하지 않으면 다양성을 인정할 수 없다. 하나의 관점을 고집하는 태도가 편견이다. 반성적 사고는 끊임없는 질문과 의심이다. 각자가 믿는 선과 악, 옳고 그름, 상식과 윤리는 지극히 상대적일 때가 많다.

수연은 스스로 모순덩어리라고 생각한다. 기계적 합리주의자가 되고 싶은 생각은 없지만 자신이 속한 집단, 자기 이익과 상황에 따라 판단과 결정이 흔들릴 때마다 자괴감이 들기도 한다. 정답과 진리가 없는 세상에서 살아가는 일은 때때로 힘겹다. 생각도 타성에 젖는다. 선택의 순간마다 눈을 감고 고정관념과 편견의 실수로부터 벗어나기 위해 노력해보자. 새로운 시선으로 타인과 세상을 보려는 태도를 갖기 위해 수연은 오늘 했던 말과 행동을 돌아본다.

함께 읽어볼 만한 책

강상중, 『오리엔탈리즘을 넘어서』, 이경덕 외 옮김, 이산, 1998.

금태섭, 『확신의 함정』, 한겨레출판, 2011.

데버러 헬먼, 『차별이란 무엇인가』, 김대근 옮김, 서해문집, 2016.

리처드 니스벳, 『생각의 지도』, 최인철 옮김, 김영사, 2004.

말콤 글래드웰, 『블링크』, 이무열 옮김, 21세기북스, 2016.

——, 『아웃라이어』, 노정태 옮김, 김영사, 2009.

박우찬·박종용, 『동양의 눈 서양의 눈』, 재원, 2016.

박이문, 『동양과 서양의 만남』, 미다스북스, 2017.

새뮤얼 헌팅턴, 『문명의 충돌』, 이희재 옮김, 김영사, 2016.

안데르스 에릭슨·로버트 풀, 『1만 시간의 재발견』, 강혜정 옮김, 비즈니스북스, 2016.

에드워드 사이드, 『문화와 제국주의』, 박홍규 옮김, 문예출판사, 2005.

——, 『오리엔탈리즘』, 박홍규 옮김, 교보문고, 2015.

재러드 다이아몬드, 『총, 균, 쇠』, 김진준 옮김, 문학사상사, 2005.

타밈 안사리, 『이슬람의 눈으로 본 세계사』, 류한원 옮김, 뿌리와이파리, 2011.

홍세화, 『생각의 좌표』, 한겨레출판, 2009.

열 ○

남과 다른 생각을 한다는 것

○   송곳처럼 삐져나온 한 사람 한 사람의 희생과 노력이 없다면 현실은 괴물처럼 우리를 야금야금 잡아먹을지도 모른다. 송곳은 태어나는 게 아니라 만들어지는 것이다.

결정적 순간,
당신의 선택은?

믹 잭슨 감독의 영화 〈나는 부정한다Denial〉는 홀로코스트가 없었다고 주장하는 데이빗 어빙과 유대인 역사학자 데버라 립스타트의 실제 재판을 다룬다. 영화는 명예훼손죄로 고소 당한 데버라가 무죄 추정의 원칙이 적용되지 않는 영국법에 따라 홀로코스트가 존재했었다는 역사적 사실을 증명하는 과정을 보여준다. 제2차 세계대전이 끝나고 연합국이 뉘른 베르크에서 독일의 주요 전쟁범죄자들을 처벌한 지 50년이 지난 다음의 일이다. 이 영화는 기억을 조작하고 역사를 왜 곡하는 우리 주변의 또 다른 데이빗 어빙을 떠올리게 한다.

근대 이후에도 홀로코스트는 물론 캄보디아의 킬링필드, 보스니아 사태, 르완다 내전에 이르기까지 제노사이드 genocide의 광기는 사라지지 않았다. 인간은 왜 상식적으로 이해할 수 없는 일들을 저지를까. 이 질문에 작은 실마리를 제공했던 사건이 바로 1961년 예일 대학교에서 벌어진 스탠리 밀그램의 심리 실험이었다.

사회심리학자 스탠리 밀그램은 길거리에서 실험에 동의한 평범한 사람들을 실험실로 데려왔다. 실험실에는 3명이 들어간다. 하얀 가운을 입은 권위자다운 모습의 연구원, 전선에 연결된 의자에 앉아 단어를 외우고 질문을 받는 학생, 학생에게 질문하고 틀렸을 경우 전기 자극을 가하는 교수로 구성된 실험이다. 연구원과 학생은 미리 섭외된 전문 배우이며 실제 전기가 흐르지는 않는 장치로 꾸몄다. 실험에 동참한 사람들은 오답을 한 학생에게 연구원의 명령에 따라 학생들에게 점점 더 높은 전기 자극을 가한다. 예상과 달리 40명 중 65퍼센트인 26명이 마지막 단계인 450볼트까지 전기충격 버튼을 누르고 만다. 이들은 왜 부당한 명령임에도 목숨이 위태로운 수준까지 학생들에게 고통을 줬을까? 이 실험은 1963년 「복종에 대한 행동 연구」라는 논문으로 발표되었다. 논문의 주제인 '규율에 순종하는 인간의 특성'은 이후에도 계속해서 수많은 논란을 낳았다.

이 놀라운 심리 실험은 인간이 얼마나 심리적으로 나약하며 언제든 권위에 복종하는 오류를 범할 수 있는지 보여준 사건이었다. 평소 자유주의자, 평화주의자라는 신념이 강한 실험 참가자들의 경우도 결과가 다르지 않았다는 사실이 더 충격적이다. 인간은 누구나 상황에 따라, 타인과의 관계에 따라 천사가 될 수도 있지만 괴물이 될 여지도 충분하다는 사실을 확인한 실험이었다. 우리도 현실에서 권위에 복종하는 오류를 범하지 않을까? '대통령이 한 일인데', '설마 선생님이 틀렸겠어', '부모님이 다 나 잘되라고 하시는 말씀이지', '목사님 말씀이잖아', '전문가의 말이니까'라고 생각한 적은 없을까. 지위가 높고 권력 있는 사람, 학벌이 좋고 돈이 많은 사람의 말이 틀렸다고 하려면 적지 않은 용기가 필요하다.

진우는 성인이 된 후에도 '나이가 권력이고 직책이 깡패'인 세상이 지긋지긋하다. 돈이 인격인 세상에서 태어난 순서, 촘촘한 서열과 계급의식이 목을 조르는 것 같다. 세상살이 경험, 전문가의 지식, 승진을 위한 노력을 얕잡아 보는 건 아니지만 사람들의 말과 행동이 마치 '답은 정해져 있고 너는 대답만 하면 된다'라고 하는 것 같다. 사실을 왜곡해도, 생각이 달라도 그들의 권위에 눌려 바보처럼 웃거나 어리숙하

열 ○ 남과 다른 생각을 한다는 것

게 행동하는 자신이 밉다. 진우의 답답함은 하루 이틀이 아니지만 억울하면 출세하라는 어른들의 말에 대꾸할 말을 찾기도 어렵다.

진우는 이런 실험에 참가한 적이 있다. 각각의 그림에서 가장 긴 직선을 고르는 실험이다. 단, 낯선 사람과 함께 앉아 공개된 자리에서 답을 해야 한다. 순서는 마지막이니 안심이다. 착시 혹은 직관적 판단을 경계하기 위해 실험에 참가한 사람들은 잠시 그림에 집중했다. 그런데 놀랍게도 9명이 차례로 〈그림 1〉과, 〈그림 2〉에서 모두 오른쪽 직선이 길다고 말한다. 한두 사람이 그렇게 대답할 때는 피식 웃었다. 이 쉬운 걸 왜 틀리나 싶었다. 그런데 5명, 6명이 넘어가면서 상황이 심각하다. 모두 같은 대답을 하다니! 내가 잘못 본 모양이다. 진우는 '내가 잘못 생각할 수도 있지. 어제 과음을 했으니까 피곤해서 눈이 잘 안 보일 수도 있잖아'라고 생각하며 자연스럽게 그림 둘 다 오른쪽 막대기가 길다고 똑같이 답변했다.

실제 실험결과 〈그림 1〉은 길이가 똑같고, 〈그림 2〉는 가운데 막대기가 제일 길다고 소신껏 말한 사람은 매우 드물었다. 이 실험에서 앞의 9명은 약속된 연기자들이다. 마지막 피실험자로 참가한 진우 같은 사람들의 머릿속은 복잡해

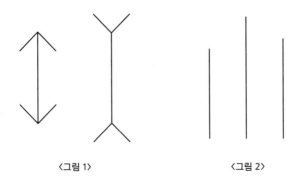

〈그림 1〉   〈그림 2〉

진다. 낯선 사람들 사이에서는 이렇게 분명한 사실조차 자신
있게 말하기 어렵다. 다른 사람들의 생각과 답변에 동의하면
서 자기 생각을 숨긴다. 모두가 그렇다고 할 때, '아니요'라고
말하거나 모두 아니라고 말할 때 혼자서 '네'라고 답할 수 있
는 사람을 현실에서 만나기는 쉽지 않다. 더불어 사는 세상
이니 남들 눈을 의식하지 않을 수가 없다. 나만 생각할 수는
없는 노릇이다. 그렇다면 우리는 무엇을 기준으로 삼아 판단
과 선택을 할까?

　흔히 우리는 선택 장애가 있다는 말을 한다. 우유부단한
사람은 말이 없고 주변을 살피며 자기주장을 내세우지 않는
다. 고집스럽지 않아 남들과 어울리기도 좋고 취향이 특별하
지도 않아 튀지 않는 사람들이다. 친절과 선의로 무장한 것
처럼 보인다. 세상살이의 처세술일지는 몰라도 때때로 자기

　　　　　　　　　　　열 ○ 남과 다른 생각을 한다는 것

생각을 숨기고 감정을 속이는 건 아닐까. 이렇게 평범한 사람들은 결정적인 순간에 할 말을 못 하고, 지나고 나서 분통을 터트리거나, 약삭빠른 사람들에게 밀려 피해를 입을 수도 있다. 반대로 자신의 판단을 믿고 자기 나름대로 뚜렷한 선택 기준을 가지고 있다면 세상을 살아가는 데 큰 무리가 없을까? 당신은 어느 쪽인가? 상황에 따라 적절하게 두 가지 태도를 잘 조절하고 있는지 궁금하다. 어디까지 내 생각과 취향을 존중받아야 하고 어디까지 타인의 이야기를 들어줘야 할지 난감할 때가 많다.

전체 속의 나,
내 속의 전체

"분명 하나쯤 뚫고 나온다. 가장 앞에서 가장 날카롭다가 가장 먼저 부서져버리고 마는 그런 송곳 같은 인간이." 웹툰 〈송곳〉에 나오는 문장이다. 어느 시대든 틀린 것과 다른 것을 구별할 줄 알고, 완고한 질서에 저항한 사람들이 있었다. 이름도 없이 스러져간 그들 덕분에 세상은 조금씩 달라졌고, 우리는 조금 더 살 만해진 게 아닐까.

『홍길동전』을 쓴 허균도 그런 인물이다. 그는 조선 사회를 비판적으로 꿰뚫어 본 지식인 가운데 한 사람이다. 허균은 당대의 유명한 문장가였다. 남부럽지 않은 집안의 막내로 태어나 26세 때 정시 문과에 합격해 벼슬길에 나섰으니, 허균은 요즘 말로 '엄친아'라 할 수 있다. 허균은 형 허봉의 친구 손곡 이달蓀谷 李達에게 개인 과외를 받았다. 이달은 삼당시인*으로 불릴 만큼 시문에도 실력이 뛰어났지만, 서얼이란 이유로 벼슬길에 나서지 못했다. 스승 이달은 평소 양반 사대부 중심의 권력 체계와 신분 사회를 거침없이 비판했고, 허균은 이때부터 사회의 모순에 눈뜨기 시작했다. 이달을 만나면서 허균은 전통적인 사대부의 길에서 벗어나 자유분방하게 생각하고 행동했다. 이런 경험을 바탕으로 허균은 「유재론」에서 "천한 출신과 서자들도 중용해야 한다"고 주장했다. 세상이 정해놓은 기준과 틀을 그대로 받아들이지 않은 것이다.

우리가 잘 알고 있는 코페르니쿠스도 모든 사람이 하늘이 움직인다고 믿을 때, '우주의 중심은 태양이며 행성은 모

★ 三唐詩人. 조선 중종과 선조 대에 걸쳐 시명(詩名)을 떨친 시인 3명, 즉 백광훈, 최경창, 이달을 이른다.

열 ○ 남과 다른 생각을 한다는 것

두 태양 주위를 공전한다. 지구도 행성의 하나로 태양 주위를 공전한다. 달은 지구의 위성으로서 지구의 주위를 맴돈다'라며 대다수 사람들과 생각을 달리했다. 이런 주장은 과학 체계를 천동설에서 지동설로 바꿨을 뿐 아니라 인간과 세계에 대한 혁명적 변화를 일으켰다. 코페르니쿠스는 단순히 과학적 오류를 바로잡은 것이 아니라 생각의 틀을 바꾸고 세상에 맞설 수 있는 용기를 보여준 것이다.

유교적 전통이 아직도 생활 곳곳에 숨어 있는 우리의 현실을 돌아보자. 나이가 많다고 어린 사람에게 권위를 내세우고, '맨스플레인mansplain'이라는 신조어가 잘 보여주듯 남자란 이유로 여자를 가르치려 들고, 돈과 권력으로 사람을 하대하고, 지식과 학벌로 타인을 무시하는 이유가 뭘까. 장유유서, 남존여비, 입신양명이 성공 신화와 결합된 결과가 아닐까. 사람들과 다른 생각을 할 수 있는 자유는 평등한 인간관계, 논리적이고 이성적인 비판이 가능한 조직, 민주적이고 합법적인 제도가 마련된 사회에서나 가능할까. '좋은 게 좋은 거지', '튀지 않는 게 상책이야', '여자가 말이야', '어른이 말하는데, 감히', '나이도 어린 놈이' 같은 말 앞에서 우리에겐 다른 의견을 가질 권리가 없는 걸까.

나 하나가 문제인지, 다른 사람도 다 같이 참고 있는 건지 헷갈릴 때가 있다. 나만 손해를 보기 싫으니 참고 견디는 경우도 많다. 나서서 좋을 게 없다는 생각에 눈감을 때도 있다. 사람은 누구나 때때로 비굴하게 그리고 적당히 외면하며 살기 마련이다. 그 모든 소시민을 비난하자는 말이 아니다. 그러나 송곳처럼 삐져나온 한 사람 한 사람의 희생과 노력이 없다면 현실은 괴물처럼 우리를 야금야금 잡아먹을지도 모른다. 송곳은 태어나는 게 아니라 만들어지는 것이다.

종교개혁과
칼뱅의 그림자

슈테판 츠바이크는 『다른 의견을 가질 권리』에서 450여 년 전에 죽은 인문주의자 카스텔리오를 소환한다. 종교개혁의 실세 칼뱅의 권위에 맞섰던 이름 없는 인문주의자 카스텔리오는 암울했던 중세 시대에 송곳처럼 삐져나온 사람이었다. 그는 왜 칼뱅의 권위에 도전했으며 우리는 왜 그의 생각과 태도를 주목해야 하는 걸까. 우선 종교개혁을 잠시 살펴보자.

　　우리는 유럽의 중세 시대를 흔히 암흑기라고 말한다. 로마가톨릭교회가 사람들의 자유로운 생각을 가로막았기 때문이다. 상상력이 사라진 학문과 예술의 표정은 어두웠다. 교회는 자기들이 해석한 교리에 어긋나는 내용을 입 밖에 내놓거나 심지어 '그런 생각을 하고 있다'고 의심되는 사람에게 신성모독이라는 죄를 뒤집어씌워 고문하고 죽였다. 인문주의자 페트라르카는 이 시기를 '찬란했던 고대 문화가 꽃핀 뒤 천년간의 어둠의 시대'라고 평가했다. 중세는 역사적으로 5세기 로마제국의 몰락과 함께 시작되었으며 르네상스, 구텐베르크의 인쇄술, 종교개혁과 함께 막을 내린다.

이때는 종교권력이 정치권력을 압도했다. 고인 물은 썩게 마련이다. 종교는 부패하지 않지만, 종교인은 언제든 부패할 수 있다. 종교개혁은 단순히 교황의 면죄부 판매 때문에 벌어진 사건이 아니라, 당시 교회 전체에 대한 독일 민중의 불만이 폭발한 사건이었다. 메디치 가문의 후원으로 교황이 된 레오 10세는 "신께서 우리에게 교황직을 주셨으니 즐겨보도록 하자"라는 말을 한 것으로 유명하다. 그는 성 베드로 성당 공사비 명목으로 면죄부를 판매했고, 이는 교회에 대한 총체적 반발로 나타났다. 예나 지금이나 권력과 지위는 부정 축재의 중요한 수단이다.

독일의 신학자 마르틴 루터Martin Luther는 이에 반발해 '신 앞에 만인은 평등하다'는 등의 내용이 담긴 항의서 「95개조 반박문」을 발표했다. 루터의 종교개혁은 들불처럼 민중에게 번졌고, 이에 동조하는 제후들도 생겼다. 이때 결정적인 역할을 한 것이 바로『성경』의 독일어 번역이다. 당시『성경』은 라틴어로 쓰여 있었기 때문에 아무나 읽을 수 없었다. 『성경』의 내용을 알지 못했던 민중은 신의 말씀을 대신 전해주는 종교인의 말에 절대복종할 수밖에 없었다.

인쇄술의 발달로 독일어『성경』이 보급되면서 암흑기는 종말을 고했다. 종교개혁은 신과 인간의 관계를 재정립하는 계기가 되었고, 어두운 중세를 마감하는 신호탄이었으며, 근대사회의 출발이었다. 물론 구텐베르크의 인쇄술이 없었다면 불가능한 일이었다. 이 때문에 많은 사람들이 중세의 끝과 근대의 시작을 알리는 획기적인 사건으로 '인쇄술의 발명'을 꼽는다. 지식의 대중화가 우매한 민중을 각성시키고, 지식과 권력을 독점하던 계급사회에 균열을 일으킨 것이다.

이 무렵 칼뱅Jean Calvin은 스위스 제네바에서 자신의 종교적 이상을 실천할 수 있는 토대를 마련했다. 그는『기독교 강요Institutio Christianae Religionis』를 출간하며 개신교 교리의 기반을 닦은 인물로, 제네바에서 새로운 종교 질서를 세워나갔다. 하지만 슈테판 츠바이크는 칼뱅을 "루터가 가져온 '기독교도의 자유'라는 이념을 다른 모든 정신적 자유와 함께 사

　　　열 ○ 남과 다른 생각을 한다는 것

람들에게서 가차 없이 빼앗아버린"인물로 평가한다. 칼뱅은 오로지 자기만 신의 말씀을 제대로 해석한다고 생각했다. 다른 사람의『성경』해석을 허락하지 않았다. 오만의 극치다.

나만 옳고 너는 틀렸다는 생각. 에스파냐의 의사 미카엘 세르베투스를 처형한 사건이 대표적인 사례다. 신교는 모든 사람에게 자유로운『성경』해석의 권리를 인정하기 때문에, 사실 '이단자'라는 개념 자체가 성립하지 않는다. 그러나 칼뱅파는 세르베투스를 이단자로 몰아 불태워 죽인다. 생각이 다르다는 이유로 말이다. 이 사건을 계기로 카스텔리오가 등장한다. 그는 같은 신을 믿는 사람들끼리 서로 다른 생각을 한다는 이유만으로 사람을 불태워 죽인 칼뱅은 '유죄'라고 외쳤다.

카스텔리오는『의심의 기술』에서 "빛이 오고 난 뒤에도 우리가 한 번 더 이토록 캄캄한 어둠 속에 살아야 했다는 사실을 후세는 이해하지 못할 것"이라는 말로 당시 상황을 전한다. 신교를 선택할 수 있는 종교의 자유가 주어졌지만, 검열과 탄압이라는 어둠 속에 살아야 했다는 의미다. 신의 이름을 앞세워 '사상과 양심의 자유'를 통제했던 칼뱅은 그가 이룬 성공만큼 크고 어두운 그림자를 남겼다.

선의를 가진 사람끼리도 생각이 다를 수 있다. 아무리 친한 친구 사이라도 사소한 의견 차이로 틀어지고, 상대방 없이는 죽고 못 살 것 같던 연인도 '성격 차이'로 헤어진다. 하물며 종교와 이념은 말할 필요도 없다. 생각해보면 라틴어 성경을 읽지 못해 성직자들의 해석에 의존하던 신도들이 직접 성경을 읽고 하느님의 말씀을 가슴에 새기는 장면은 감동적이다. 그러나 종교개혁 과정에서 자유로운 생각과 양심의 자유는 허락되지 않았다. 또 다른 사상 통제가 시도됐고 '나만 옳다'는 독선과 아집을 가진 사람들이 가세했다. 우리가 살아가는 가정, 학교, 직장, 사회, 국가에서도 공동체의 크기와 무관하게 빈번하게 벌어지는 문제다. 남과 다른 생각은 틀린 걸까?

사상과 양심의 자유를 허하라!

보통 사람들은 권력에 복종한다. 그 권력이 강력할수록 개인의 판단, 생각의 자유를 스스로 포기한다. 어린 시절에는 부모가 절대 권력자다. 사춘기가 되기 전까지 부모는 생사여탈권을 쥔 세상의 전부다. 부모의 말과 행동에 절대적인 영향

열 ○ 남과 다른 생각을 한다는 것

을 받을 수밖에 없다. 학교, 군대, 직장, 국가의 일원으로 살아가면서 우리는 나보다 지위가 높고 권력을 가진 사람과 맞서지 않는 게 여러모로 유리하다는 사실을 본능적으로 알게 된다. 그들 편에 서는 게 나에게 이익이 된다는 걸 가르치지 않아도 배운다. 사람뿐 아니라 나이, 성별, 돈, 직위, 계급, 종교, 국가도 하나의 권력이다. 절대복종이 만들어내는 절대권력은 반드시 부패한다.

예를 들어 유대인 학살의 주역 아돌프 아이히만은 절대권력자인 히틀러의 명령에 복종했을 뿐 자신은 죄가 없다고 주장했다. 한나 아렌트는 1961년 이스라엘의 예루살렘에서 진행된 세기의 재판을 지켜보며 절망했다. 수백만 명의 유대인을 학살한 실무 책임자 아이히만은 지극히 자상한 가장이었으며 성실한 직장인이었을 뿐 그 이상도 이하도 아니었기 때문이다. 그는 아주 근면한 인간이었으나 말하기에 서툴렀다. 이는 '생각의 무능력'으로 이어졌으며 결국 돌이킬 수 없는 행동을 낳았다. 근면성은 죄가 될 수 없으나 자기가 무엇을 하는지 깨닫지 못하는 '순전한 무사유'는 심각한 범죄를 저지르게 한다. 한나 아렌트는 어리석음과 차원이 다른, 사유하지 않는 성실함이 죄가 될 수 있음을 경고했다.

앞서 소개한 스탠리 밀그램의 실험은 아이히만처럼 죄

없는 유대인을 죽이고 파묻은 이들의 행동을 이해하기 위한 노력이었다. 우리도 언제든 아이히만이 될 수 있다는 소름 끼치는 진실 앞에서 자유로운 사람이 있을까. '악의 평범성'은 우리 모두에게 내재된 아이러니다. 무지와 생각 없는 복종은 자신도 모르게 괴물이 되는 방법이다.

관용의 정신은 구교와 신교의 피비린내 나는 전쟁을 통해 나온 정신적 산물이다. 자기와 다른 종교·종파·신앙을 가진 사람의 입장과 권리를 용인하는 태도를 프랑스어로 '똘레랑스'라고 한다. 잘 아는 것도 실천하기는 매우 어렵다. 백남기 농민의 죽음에 침묵하고, 간첩단 조작으로 살인을 저지른 정부를 외면하고, 시민에게 총을 쏜 대통령을 모른 척하는 일이 바로 자신의 존재를 부정하는 행동이다.

다른 의견을 가질 권리는 주어지는 것이 아니라 스스로 쟁취해야 하는 소중한 가치다. 아무리 훌륭한 이념과 제도라도 도그마에 빠지기 쉽다. 슈테판 츠바이크에 따르면 칼뱅은 광신적 도그마에 빠져 오로지 가르치려고만 했고, 다른 사람의 의견을 듣지 않았다. 즉 자기와 조금이라도 의견이 다른 사람은 반드시 제거해야 속이 시원했던 독선적인 인물이었다. 종교적 광기라고밖에 볼 수 없는 칼뱅의 말과 행동을, 종교개혁을 확립하고 안정시킨 공로로 덮어버릴 수는 없다.

열 ○ 남과 다른 생각을 한다는 것

칼뱅은 카스텔리오를 용서할 수 없는 적으로 간주했다. 세르베투스처럼 화형시키지는 않았으나 그의 삶을 철저하게 짓밟았다. 카스텔리오는 이웃 도시 바젤로 도망친 뒤 주변의 감시 속에서 쓸쓸히 죽어갔다. 1563년 12월 29일, 그의 나이 48세였다.

> 인류는 언제나 진보를 위해서 싸워야 하며, 극히 당연한 것도 새로이 의심받는다. 우리가 자유를 습관으로 여기고 더 이상 신성한 소유물로 여기지 않는 순간에 충동 세계의 어둠 속에서 신비한 의지가 자라나 그것을 유린하려고 드는 것이다. 인류는 너무 오래 너무 근심 없이 자유를 누리고 나면, 언제나 힘의 도취에 대한 위험한 호기심, 전쟁에 대한 범죄적인 열망에 사로잡히게 된다.★

슈테판 츠바이크는 단순히 종교적 폭력과 광기를 말하기 위해 이 책을 쓴 것이 아니다. 하나의 생각, 단일한 이데올로기로 지배되는 사회는 끔찍하다. '사상과 양심의 자유'는

★ 슈테판 츠바이크, 『다른 의견을 가질 권리』, 안인희 옮김, 바오, 2009, 287쪽.

대한민국 헌법 제19조에 보장된 우리의 권리다. 이 가치는 저절로 주어진 선물이 아니다. '모든' 칼뱅에 맞서는 '어떤' 카스텔리오가 계속해서 나타나야 지켜나갈 수 있다. 카스텔리오가 세르베투스의 죽음에 대해 침묵하지 않았던 것도 사상과 양심의 자유가 목숨보다 소중했기 때문이다. 그것이 지금도 우리가 카스텔리오를 기억해야 하는 이유다.

'나는 당신의 말에 동의하지 않지만, 당신이 그것을 말할 권리에 대해서는 죽음을 각오하고 지킬 것'이라는 말은 계몽주의자인 볼테르의 생각을 잘 요약해준다. 서로 다른 생각을 인정하지 않고 그 생각을 표현하지 못하게 하거나 틀렸다고 억압하는 세상은 암울하다. 비판적 관점과 자발적 용기가 아니면 현실은 바뀌지 않는다. 눈치 보지 말고 조용히 손을 들고 자신의 이야기를 시작해보자.

현실에서 '아니오'를 외칠 수 있는 용기

'내 생각은 좀 다르다'라고 말하는 순간 새로운 세상이 열릴 수도 있다. 내가 상황을 통제할 수 없다는 생각, 나 하나 달라진다고 뭐가 바뀌겠느냐는 패배 의식이 자존감을 떨어뜨린다. 주체적으로 세상을 살아간다는 것은 내가 내 삶의 주인공이라는 뜻이다. 힘이 센 가족, 목소리가 큰 동료, 성질이 괴팍한 상사에게 맞추면 '나'를 잃어버릴 수 있다. 자기 생각을 말하고 실천할 수 있는 용기가 삶의 변화를 이끌어낸다.

연암 박지원은 「양반전」과 「호질」 등에서 조선 시대 양반의 허위의식과 이기적 욕망, 그리고 위정자의 행태를 신랄하게 풍자한다. 그는 자신이 속한 양반계급을 곱지 않은 시선으로 바라본다. 헐벗고 굶주린 민중의 삶을 보고도 체면과 겉치레를 중시하며 기득권을 포기하지 않으려는 양반을 비판한다. 실생활에 필요한 학문보다 사상 논쟁이나 일삼는 양반의 모습이 한심해 보였기 때문이다. 조선이라는 견고한 계급사회를 비판적으로 바라본 박지원은 근대사회로 이행하는 세계사의 변화를 민감하게 수용한 지식인이었다. 자신의 계급적 이익에 충실할 만도 한데 그는 양반계급을 비판하는 용기를 냈다.

현대판 박지원이라 할 만한 수많은 내부 고발자들은 어떤가. 때로 비난과 손가락질을 무릅쓰고 자기가 속한 조직의 문제를 폭로하고 바로잡으려 하는 그들의 용기에 박수를 보내야 하는 게 아닐까. 눈감고 외면하기 시작하면 습관이 된다. 그것은 무거운 침묵이 아니라 비겁하고 초라한 삶의 태도다.

세상 만물은 변하게 마련이다. 하지만 대부분의 사람은 변화를 싫어하며 현재 상태를 유지하려 한다. 그래서 변화를 요구하는 사람이나 기존의 질서를 뒤흔드는 제안을 쉽게 수용하지 않는다. '모난 돌이 정 맞는다', '가만히 있으면 중간은 간다'라는 말은 무난하게 살아가라는 메시지를 담은 선조들의 처세법이다. 그런데 왜 허균이나 박지원 같은 금수저가 대다수 사람과 다른 의견을 갖게 되었을까. 인문주의 성직자로 편안한 삶이 가능했던 카스텔리오는 왜 목숨을 걸고 칼뱅에게 저항했을까? 사는 대로 생각하는 것이 아니라 생각하는 대로 살기로 마음먹었기 때문이다. 세계를 인식하는 틀이 바뀌면 같은 사람과 사물도 다르게 보인다.

현대인은 생존을 위한 몸부림, 물질에 대한 욕망, 경쟁에서 살아남기 위한 이기심으로 하루하루 고단한 삶을 이어간다. '열심히 공부하고 일하기도 바쁜데 귀찮게 자꾸 왜 일을 만들까?', '시키면 시키는 대로 하지, 어차피 바뀌지도 않을 텐데', '말해봐야 찍히기만 하고 나만 손해 보는 건 아닐까?' 카스텔리오라고 해서 이런 생각을 하지 않았을 리 없다. 하지만 모든 사람이 그렇게 산다면 세상은 어떻게 될까? 양반과 상놈의 구별이 사라졌을까? 노예해방이 이루어졌을까? 여성에게 투표권이 생겼을까?

민주주의는 '다른 의견을 가질 권리'가 보장된 제도다. 지금은 모든 사람이 '사상과 양심의 자유'를 누릴 수 있는 세상이다. 하지만 사람들은 그런 자신의 권리를 스스로 포기하기도 한다. 집을 고치기 위해서는 시간이 필요하다. 수리하는 동안은 잠시 불편을 감수해야 한다. 버스 기사의 파업이 시민들의 출퇴근길을 고통스럽게 한다는 뉴스, 노동자의 고공 농성 세계 신기록, 청년 비정규직 노동자의 사망 사고 소식에도 우리는 '나'만 아니면 된다고 생각하는 건 아닐까. 불이익을 감수하고 두 손을 번쩍 들면 세상이 조금 다르게 보인다. 부당한 지시에 저항하고 잘못된 일을 말할 때 비로소 내가 사는 세상이 조금 바뀐다. 내가 바뀌지 않으면서 다른 사람의 변화를 요구할 수는 없다.

진우는 일상생활에서 쉽게 '아니요'라고 말하지 못한다. 머릿속에는 오만 가지 생각이 맴돌고 돌아서서는 분노하지만, 눈을 질끈 감고 참거나 외면하는 경우가 많다. 무엇 때문에 누구를 위해 참는 건지 헷갈린다. 낮은 자존감, 우유부단한 성격 탓은 아니다. 쉽고 편하게 살고 싶다는 마음이 큰 것 같다. 하지만 직업, 나이, 외모, 학벌, 연봉과 무관하게 성공한 인생은 '당당함'을 잃지 않는 삶이라고 생각한다. 진우는 사람들과 다른 의견을 분명히 표현할 수 있는 용기가 자신을 자유롭게 한다고 믿는다. 그리고 영화의 한 장면이 떠올랐다. "우리가 돈이 없지 가오가 없냐?" '가오'('얼굴'을 뜻하는 일본어)는 최소한의 자존심이다. 진우도 부끄럽게 살지 않기로 마음먹고 어깨를 쫙 편다.

열 ○ 남과 다른 생각을 한다는 것

함께 읽어볼 만한 책

김주환, 『포획된 저항』, 이매진, 2017.

마우리시오 라부페티, 『호세 무히카 조용한 혁명』, 박채연 옮김, 부키, 2016.

마이크 곤살레스 외, 『처음 만나는 혁명가들』, 이수현 옮김, 책갈피, 2015.

마하트마 간디, 『간디, 비폭력 저항운동』, 박홍규 옮김, 문예출판사, 2016.

슈테판 츠바이크, 『다른 의견을 가질 권리』, 안인희 옮김, 바오, 2009.

스탠리 밀그램, 『권위에 대한 복종』, 정태연 옮김, 에코리브르, 2009.

안토니오 그람시, 『나는 무관심을 증오한다』, 김종법 옮김, 바다출판사, 2016.

웬디 브라운, 『관용』, 이승철 옮김, 갈무리, 2010.

장동선, 『뇌 속에 또 다른 뇌가 있다』, 염정용 옮김, 아르테, 2017.

장 코르미에, 『체 게바라 평전』, 김미선 옮김, 실천문학사, 2005.

존 B. 베리, 『사상의 자유의 역사』, 박홍규 옮김, 바오, 2005.

토마스 쿤, 『과학혁명의 구조』, 김명자·홍성욱 옮김, 까치, 2013.

하워드 J. 로스, 『우리 뇌는 왜 늘 삐딱할까?』, 박미경 옮김, 탐나는책, 2018.

한나 아렌트, 『예루살렘의 아이히만』, 김선욱 옮김, 한길사, 2006.

홍세화, 『나는 빠리의 택시운전사』, 창비, 2006.

열하나 ○

죽으면 고통도 사라질까?

○ 죽음은 삶을 비춰보는 거울이며 삶의 종착지에 대한 표지판과 같다. 삶의 문제는 곧 죽음을 전제로 한 고민이기 때문이다. 언제나 죽음은 살아남은 자의 몫이다.

모든 사람은 죽는다!
그런데 사후 세계는?

"모든 사람은 거짓말쟁이다Everybody lies." 미국 드라마 〈하우스House M.D.〉 시리즈의 첫 장면이다. 전 세계 66개국에서 8,000만 명 이상이 열광하며 시청해 기네스북에까지 올랐던 이 드라마의 매력은 무엇일까? 주인공 그레고리 하우스 박사는 프린스턴 플레인스보로 대학병원의 '똘기' 충만한 천재 의사다. 시니컬하고 위악적인 하우스 박사는 사람을 믿지 않는다. 환자들은 죽음 앞에서도 자신의 비밀을 숨기기 때문이다. 하우스 박사는 현실에서 찾아볼 수 없을 정도로 탁월한 능력과 열정을 가진 인물이다. 하지만 사회적 언행을 할 줄

열하나 ○ 죽으면 고통도 사라질까?

모르는 직설적인 성격 때문에 오해를 사거나 미움받기 일쑤다. 그러면서도 한없이 나약하고 고독한 존재로, 마약성 진통제 '바이코딘' 중독자이기도 하다.

이렇게 복잡한 캐릭터에 시청자들이 열광했던 이유는 자신의 모습 일부가 투영됐기 때문이 아닐까. 혹은 시리즈 마지막 편 제목처럼 "모든 사람은 죽는다Everybody Dies"라는 삶의 절대 조건을 매번 확인하기 때문이었을까. 인간은 언젠가 죽는다는 명제 앞에 우리는 겸손해진다. 자기 삶의 행복과 고통도 잠시 스치는 찰나에 불과하다. 죽지 않고 영원히 살 수 있는 사람은 없다. 그래도 사람들은 영원히 살 것처럼 내일을 준비하고 미래를 꿈꾸며 매일 밤 잠자리에 든다.

잠들기 전 '미드'를 한 편씩 보는 윤수에게 이 드라마는 특별했다. 소심하고 내성적이어서 자기 감정을 솔직하게 드러내지 못하는 자신과 달리 하우스 박사는 지나치게 솔직하다. 그만한 위치와 권력에서 나오는 자신감 때문일지도 모른다. 정반대 성격인 윤수는 하고 싶은 말 다 하고, 원하는 대로 사는 하우스 박사를 보며 대리 만족을 느꼈다. 그리고 매번 평범한 일상에 드리운 죽음의 그림자를 생각한다.

빈부, 성별, 인종, 국적을 불문하고 모든 사람에게 공평한 삶의 조건은 시간과 죽음이다. 돌이킬 수 없는 일회성 연극을 삶에 비유하면 삶이 조금 더 소중해질까. 언제 막을 내릴지 알 수 없는 연극의 주인공으로 무대 위에 선 당신을 상상해보라. 주어진 대본도 디렉팅도 없다. 코미디와 로맨스가 뒤섞이고 희극과 비극이 교차해도 좋다. 내용도 분량도 구성도 무대장치와 음악도 모두 당신의 몫이다. 세상 사람이 관객인 이 연극의 주인공은 바로 당신이다. 인생이라는 무대에서 조연은 없다. 모두 자기 삶의 주연이다. 그런데 주연의 삶은 유한해서 언젠가 끝난다. 그리고 그 끝은 누구도 알 수 없다. 사람마다 삶의 목표와 가치, 행복에 대한 기준과 조건이 달라도 '사람은 언젠가 죽는다'라는 절대 조건은 변하지 않는다.

현대인은 각종 질병, 교통사고, 전쟁, 범죄, 천재지변 등 자기 삶의 종착역을 예측하기 힘들다. 우리가 영원히 살 수 있는 방법은 없다. 인간은 종교, 예술, 학문 등 다른 방법으로 죽음 이후의 삶을 지향할 뿐이다. 누구도 죽음이라는 절대 조건에서 벗어날 수 없기 때문에 사는 동안 최대치의 행복과 욕망을 실현시키려 노력한다. 죽음의 예측 불가능성과 삶의 유한성이 우리의 인생을 더욱 값지고 소중한 것으로 만들어야 하는 이유가 아닐까.

어느 날 갑작스레 가족과 친구의 죽음을 경험해본 사람

은 안다. 그 슬픔과 말로 표현할 수 없는 절망에 대해서 말이다. 우리는 오로지 추측과 상상의 세계로만 죽음을 경험한다. 21세기에도 여전히 죽음이 두려운 이유가 바로 이 때문이다. 우리는 타인의 고통을 유추할 뿐이다. '알 수 없는 세계에 대한 두려움'과 '미지의 세계에 대한 호기심'이 죽음을 바라보는 인간의 상반된 태도라 할 수 있다.

고대 철학자부터 현대 과학자에 이르기까지 '죽음'은 여전히 미지의 영역이다. 앞으로도 인류가 영원히 알 길 없는 세계일지도 모른다. 플라톤의 대화편 『파이돈』*에서 소크라테스는 죽는 순간까지 친구인 심미아스, 케베스와 함께 영혼의 불멸성에 관해 이야기를 나눈다. 탈옥해서 사형을 면할 수 있는데도 소크라테스가 죽음을 선택한 이유는 영혼을 믿었기 때문이다. 이런 생각은 종교 발생의 사상적 배경이 되었고 지금도 여기에 동의하는 사람들이 많다. 사실 사람들은 죽음에 대한 호기심만큼 죽음 이후의 세계에도 관심이 많다. 사후 세계를 믿느냐 믿지 않느냐, 그것이 문제로다!

★ 플라톤 저서의 대부분이 주인공 소크라테스와 제자들이 나눈 대화를 내용으로 하고 있다. 『파이돈』은 소크라테스가 독약을 마시고 죽던 날에 친구들 및 제자들과 나눈 죽음에 관한 대화를 기록한 작품으로, 현장에 있던 제자 파이돈이 고향 엘리스로 가는 길에 에케크라테스를 만나 목격담을 들려주는 형식을 취하고 있다.

'죽음이란 무엇인가'는 '인간이란 무엇인가'에서 출발한다. 인간은 어떤 존재일까? 영혼의 유무에 따라 두 가지 관점이 있다. 인간이 육체와 영혼으로 이루어져 있다는 이원론, 육체만 존재한다는 물리주의적 일원론이 그것이다. 죽음이란 육체의 소멸일 뿐 영혼은 다른 세계로 이동한다는 이원론은 대부분의 종교가 내세우는 교리이며 사후 세계를 받아들이는 근거다. 영혼을 믿는 사람은 대체로 사후 세계도 믿기 때문이다.

아버지의 죽음을 경험한 윤수는 장례를 치르면서 존재 자체가 완전히 소멸하는 것을 보고 당황스러웠다. 흔적도 없이 사라진 아버지는 어디로 간 걸까? 종교도 없고 영혼도 믿지 않았던 윤수는 한동안 죽음의 실체가 궁금했다. 사람이 죽는다는 건 한 인간의 소멸이 아니라 불가해한 존재로의 전환은 아닐까 싶은 생각도 들었다. 한 사람이 완벽하게 사라진다는 게 믿기지 않았다. 평생 함께한 아버지가 마치 연기처럼 완전히 사라졌다는 사실을 받아들이기 어려웠다. 어딘가에 어떤 형태로든 아버지가 존재한다고 믿고 싶었다.

사후 세계가 정말 존재할까. 이 문제에 과학적으로 접근하기 위해 국제임사체험연구협회IANDS 등의 단체와 개인들은 죽음 이후의 세계를 과학적으로 연구하려 꾸준히 노력한다. 이원론과 일원론은 철학적·의학적 관점에서 여전히 논쟁 중이지만 의학적으로 사망 판정을 받았다가 다시 살아난 사람들의 이야기는 흥미롭다. 죽음은 끝일까, 아니면 또 다른 시작일까?

뇌의 착각
vs. 사후 세계

사랑하는 사람의 눈을 바라보며 미소 짓고, 맛있는 음식을 나눠 먹으며 즐겁게 이야기하고, 좋아하는 가수의 공연장에서 소리를 지르고, 흠뻑 땀을 흘리며 운동을 하는 건 살아 있는 사람의 특권이다. 죽으면 누릴 수 없는 행복이다. 그렇더라도 삶과 죽음을 평범한 일상생활을 기준으로 구분할 수는 없다. 일상생활을 할 수 없는 뇌사나 식물인간 상태를 죽음으로 보긴 어렵기 때문이다. 죽음은 생물학적, 의학적, 사회적, 법학적 관점에 따라 기준이 달라진다. 그러나 어떤 관점이든 진정한 죽음은 살아 있는 사람들의 기억 속에서 지워질 때 비로소 완성된다.

음악가를 꿈꾸는 소년 미겔이 전설적인 가수 에르네스

토의 기타에 손을 댔다가 '죽은 자들의 세상'으로 들어가 모험을 겪는 영화 〈코코〉에서 죽은 자들은 살아 있는 사람들이 잊지 않고 추억하는 동안만 존재한다. 기억 속에서 사라지면 죽은 자들의 세상에서조차 흔적도 없이 사라지는 것이다. 죽음은 인생의 마무리로 노인들에게 주어진 숙제가 아니라 살아 있는 사람도 일상에서 맞닥뜨리는 문제다. 죽음의 기준과 방법, 장례 절차, 제사 등의 문제가 그러하다. 삶과 죽음은 뗄 수 없는 동반자다.

살아 있는 사람과 죽은 사람에 대한 기준이 모호할 때도 있지만, 우리가 느끼는 삶과 죽음의 차이는 분명하다. 귓가를 스치는 바람이 시원하다, 서산마루의 저녁놀이 아름답다, 사과를 깎다 베인 상처가 아프다, 창밖에 어둠이 내려도 그녀가 보고 싶다, 우산을 두드리는 빗소리가 시원하게 들린다. 이 밖에 모든 생의 감각은 살아 있는 사람에게 주어진 축복이다. 가슴이 두근거리는 행복, 하늘이 무너질 것 같은 절망조차도 죽은 다음에는 느낄 수 없다. 정서적 차원에서 생각하는 삶과 존재론적 차원에서 접근하는 죽음 사이의 간극은 넓고도 깊다. 그 차이는 언제나 하늘과 땅만큼 멀다. 일상에서 부딪히는 죽음의 문제는 바로 이 차이에서 기인하는 것이 아닐까. 우리는 영원히 살 것처럼 내일을 준비하지만 언

열하나 ○ 죽으면 고통도 사라질까?

제 세상과 작별할지 알 수 없다. 누구도 마지막 순간을 모르는 불안한 존재지만, 때때로 순간의 행복에 감사하고 또 때때로 한없이 허무한 마음이 든다.

죽음은 모든 것의 종말을 의미할까, 아니면 죽음 이후에도 또 다른 세계가 존재할까? 의학 박사 제프리 롱과 폴 페리는 '죽음 이후의 삶'은 분명히 존재한다고 주장한다. 이들은 "현대 과학은 죽음을 '존재의 마침표'라고 믿도록 강요했다. 그러나 그런 믿음이 전 인류에게 자리 잡은 것은 비교적 최근의 일"*이라고 말한다. 당황스럽게도 의사들이 사후 세계를 강력하게 주장한다. 이들은 근대 이후 합리적 이성이 발달하면서 사람들이 증명할 수 없는 비과학적 요소를 받아들이지 않기 시작했다고 비판하며, 인류와 함께했던 사후 세계를 과학으로 증명할 수 있다고 말한다. 과학과 종교의 오래된 갈등처럼 이렇게 사후 세계에 대한 논쟁은 끝없이 계속되고 있다.

토속 신앙, 종교적 믿음, 영매를 통한 사자死者 이야기 등 과학과 거리가 먼 분야에서만 다루었던 사후 세계가 본격적으로 과학자들에게 영감을 주고 연구의 대상이 된 것은 최근

★ 제프리 롱·폴 페리, 『죽음, 그 후』, 한상석 옮김, 에이미팩토리, 2010, 13쪽.

의 일이다. 무지와 두려움으로 가득했던 고대와 중세에 죽음은 신의 뜻이었으며 '천국'으로 상징되는 사후 세계는 현실 세계를 지배하는 삶의 원리로 작동했다. 주로 종교에서 많이 이야기되어온 사후 세계는 근대 이후에도 여전히 미지의 영역으로 남아 있다. 종교가 없는 사람들에게도 크게 다르지 않다. 죽음에 대한 공포와 죽음 이후에 대한 호기심은 강렬하다. 현대 과학도 이를 속 시원하게 밝혀주지 못하고 있지만 사후 세계의 존재 여부는 현실을 살아가는 우리에게도 매우 중요한 의미를 갖는다.

사후 세계는 종교의 영역이며 실제로 존재하지 않는다는 생각은 합리적일까? 죽음 이후의 세계는 상상이 아닌 실제이며 과학적으로 증명이 가능하다고 주장하는 사람들이 있다. 이들은 지속적으로 사후 세계를 밝히려고 노력하며, 자기 나름의 임사체험자들에 대한 연구 결과를 제시한다. 예를 들어 제프리 롱과 폴 페리는 1998년에 '임사체험 연구재단'을 설립하고 웹사이트를 운영하면서, 10년간 1,300여 명의 임사체험자를 연구했다. 이 연구를 수행하는 과정에서 두 사람은 죽음 이후의 세계가 존재한다고 확신하게 되었다. 즉 사후 세계의 증거는 임사체험자들의 증언이다.

임사체험near-death experience이라는 말은 1975년 미국의

의학 박사이자 심리학자인 레이먼드 무디가 저서 『삶 이후의 삶』에서 처음 사용했다. 임사체험 연구재단에서는 '임사'를 여건이 개선되지 않는다면 사망에 이를 정도로 신체적 손상이 극심한 상태라고 정의한다. 임사 상태에서는 의식이 없고 호흡과 심장박동이 없으므로, 의학적으로는 사망한 사람이라고 간주한다. 이런 상태에서 다시 소생하는 건 극히 이례적인 일이다. 죽은 사람이 다시 살아나는 일 자체가 충격이다. 그런 이들의 증언과 고백은 그대로 사후 세계에 대한 확고한 믿음으로 이어진다.

엄밀한 의미에서 죽음을 경험한 사람은 없다. 결국에는 다시 살아난 사람들의 이야기이기 때문이다. 하지만 의학적으로 사망 선고를 받은 상태에서 경험한 일을 무시할 수 있을까. 제프리 롱과 폴 페리는 여러 차례 독립적인 관찰과 실험을 거쳐, 과학적 발견을 입증하기 위한 기초가 되는 '비교 검토'까지 마쳤다. 이전에 여러 연구자들이 수행했던 연구 결과와 그들의 연구 결과가 모두 동일한 결론에 도달했다는 것이다. 이제 그들은 사후 세계가 의심과 미지의 영역이 아니라 누구나 겪게 될 가능성의 영역이라는 사실이 과학적으로 증명되었다고 주장한다.

그러나 여전히 고개를 갸웃거리며 판단을 미루는 의사

들도 있다. 이들은 임사체험이 뇌의 착각이라고 주장하며 사후 세계의 존재를 부정한다. 임사체험은 죽음에 이르는 과정에서 마지막으로 겪는 무의식적인 뇌의 활동이라는 분석이다. 신체의 기능은 정지됐지만 다시 살아났다는 사실 자체가 완전한 '죽음'이라고 보기 어렵다는 것이다. 의학적 기준으로 사망 판정을 내릴 수 있을지 모르지만, 장기와 뇌는 여전히 전류가 남은 배터리와 같은 상태다. 배터리가 완전히 방전된, 즉 '죽음'에 이른 상태로 볼 수 없다는 주장이다. 사후 세계를 믿지 않는 사람들은 임사체험의 존재를 인정한다고 해도 잠시 동안의 환각 상태일 뿐이라고 생각한다. 다양한 환각 증상은 임사체험과 매우 유사하다. 환각과 임사체험은 의식과 무의식에 대한 밝혀지지 않은 인체의 신비에 해당하는 건 아닐까?

임사체험이든 뇌의 착각이든 살아 있는 사람에게 그게 무슨 상관인가. 하지만 과학적 논쟁과 무관하게 '죽음'과 '사후 세계'를 어떻게 생각하느냐에 따라 현재 삶의 방법과 태도가 달라질 수 있다. 죽으면 모든 게 끝날 텐데 열심히 살아서 뭘 하나, 대충 살자! 아니면, 죽은 다음에라도 좋은 곳으로 가려면 성실하고 착하게 살아야지! 당신은 어느 쪽인가? 만약 사후 세계가 확실히 존재한다면 생각이 달라질까? 죽으면 모든 게 끝날 테니 최선을 다해 현재를 즐기고 후회 없이 열정을 불태우는 사람도 있고, 현재의 삶을 사후 세계를 위한 준비 단계로 여기는 사람도 있을 것이다. 물론 선택은 각자의 몫이다. 아무튼 인생의 모퉁이를 돌 때마다 마주치는 '죽음'은 삶의 그림자 역할을 한다.

철학자, 심리학자, 문화인류학자, 의사 등 지금까지 임사체험을 연구한 사람은 무척 많다. 이제 그들의 연구와 성과물도 상당히 축적되어 있다. 사후 세계에 대한 관심은 죽음 자체에 대한 관심만큼 집요하다. 죽음을 피할 수 없다면 그 이후에 대해 알고 싶은 게 당연한 순서다. 확실하진 않지만 죽었다 살아난 사람들의 이야기가 사후 세계와 가장 근접한 이야기가 아닐까. 그들의 이야기를 조금 더 들어보자.

임사체험이 사후 세계를
증명할 수 있을까?

심장박동이 멈추고 10~20초 지나면 뇌에 피가 돌지 않아 활동이 정지된다. 임사체험은 바로 이때 벌어진다. 꿈 혹은 환각도 두뇌 활동이 있어야 가능하다. 뇌파가 완전히 정지된 상태에서는 불가능하다. 임사체험은 꿈이나 환각으로는 도저히 설명되지 않는 측면이 있다. 이는 인간의 두뇌가 곧 의식이라는 믿음을 갖고 있는 많은 과학자와 의사들에게는 다루기가 상당히 불편한 체험적 증거라고 할 수 있다. 물리와 화학만으로 생명의 모든 현상을 설명할 수 있다고 생각하는 과학 근본주의가 만연한 시대에 임사체험은 아이러니한 현상이다.

사후 세계의 문 앞까지 우리를 인도하는 경험적 증거들은 삶과 죽음에 대해 다시 한 번 엄숙한 고민을 요구한다. 죽음은 끝이 아니라 새로운 시작일까? 다른 차원의 세계로 전환되는 걸까?

"내 영혼이 실제로 몸을 떠나는 것을 느낄 수 있었습니다. 병실로부터 12미터쯤 떨어진 곳에서 남편과 의사들이 이야기하는 모습도 보고, 말도 들었습니다. 나중에 남편에게 확인을 해보니, 내가 들은 대화 내용이 정확하게 맞아떨어졌습니다."★

★ 제프리 롱·폴 페리, 앞의 책, 17~18쪽.

임사체험자들의 첫 번째 공통 체험은 유체 이탈, 즉 의식이 몸에서 분리된다는 것이다. 이런 경험은 임사체험자가 보고 들은 내용을 실제 확인하는 과정에서 증명되었다. 임사체험 연구재단의 조사 결과, "당신은 몸으로부터 의식이 분리되는 체험을 했습니까?"라는 질문에 임사체험자의 74퍼센트가 그렇다고 대답했다. 이와 같은 임사체험의 증거는 유체 이탈을 포함해 여러 가지다. 과학적으로 설명할 수 없지만 사후 세계의 강력한 증거로 제시된다.

두 번째는 모든 감각이 예민하게 고조된다는 점이다. 의식이 훨씬 또렷해지고 집중력이 더 강해진다. 세 번째는 감정이나 느낌이 격렬하고 대체로 긍정적이라는 점이다. 드물게 두려움을 느끼기도 하지만 대부분 평화로움과 기쁨을 느꼈다고 한다. 네 번째는 터널로 들어가거나 터널을 통과한 경험이다. 다섯 번째는 신비하고 눈부신 빛과 만나는 것이다. 마주 보아도 눈이 아프지 않고, 그 빛에 가까이 가거나 하나가 되고 싶다는 열망을 품었다고 한다. 여섯 번째는 신비로운 존재, 죽은 친척, 친구와 재회하는 것이다. 이들 중에는 체험자가 알지 못하는, 수년 전이나 수십 년 전에 죽은 친척인 경우도 있었다. 일곱 번째는 시공간의 개념이 달라지는 것이다. 모든 일이 한꺼번에 일어나는 등 시간 감각이 달라지기도 한다. 여덟 번째는 주마등처럼 삶을 회고하는 것이다. 자신이 살아왔던 삶의 단편들 혹은 인생 전체가 파노라마처럼 펼쳐진다. 아홉 번째는 비현실적인 영역과의 접촉이다. 색다른 장소나 비현실적인 세상에 들어간 임사체험자들도 있었다고 한다. 열 번째는 특별한 지식을 접하거나 알게 되는 것이다. 우주의 질서를 이해하게 되거나 모든 것을 알게 된 것 같은 느낌을 받는다. 열한 번째는 경계나 장벽을 만나는 것이다. 넘어설 수 없는 물리적 구조물을 만난다는 의미다. 마지막 열두 번째는 자의나 타의에 의해 몸으로 되돌아오는 것이다. 되돌아올 때는 자신이 그 결정에 관여했다고 한다.

임사체험자들은 이 과정을 전체적으로 혹은 부분적으로 경험한다. 다치바나 다카시가 전 세계를 돌며 취재하고 집필한 『임사체험』의 경험자들도 크게 다르지 않다. 그런데 이런 수많은 공통점보다 놀라운 것은 전 세계적인 일관성이다. 다른 지역과 국가, 종교, 문화, 전통에 속한 사람들의 임사체험에 공통적인 현상이 일어난다는 점은 사후 세계를 증명하려는 사람들이 주목하는 부분이다. "인도에 사는 힌두교도, 이집트에 사는 이슬람교도, 미국에 사는 기독교도를 불문하고, 종교가 없는 사람조차도 모든 임사체험자에게는 거의 동일

열하나 ○ 죽으면 고통도 사라질까?

한 핵심 요소들이 나타난다. 유체 이탈, 터널 체험, 평화로운 느낌, 회고 체험, 돌아오고 싶지 않은 마음, 임사체험 후 인생의 변화 등 일련의 요소들 말이다. 요컨대 어디서 어떤 언어를 쓰며 어떤 종교적 배경을 가졌든 임사체험의 양상은 모두 비슷하다"라는 제프리 롱과 폴 페리의 분석은 다치바나 다카시의 취재 결과와 일치한다. 부자와 빈자, 여성과 남성, 기독교도와 이슬람교도, 서양인과 동양인 가리지 않고 임사체험에 공통점이 있다는 건 놀랄 만한 일이다.

이렇게 전 세계적인 임사체험자들의 일관성이 사후 세계를 확신하는 사람들이 제시하는 가장 강력한 증거다. 사후세계가 존재하지 않는다면 임사체험자들의 경험에 공통점이 있을 수 없고, 전 세계적으로 일관성이 있을 수 없다는 주장이다. 또 임사체험 자체를 몰랐거나 임사체험에 대한 지식이 없는 사람들조차 유사한 경험을 한다는 사실이 사후 세계가 존재한다는 결정적 증거로 제시된다.

하지만 우리는 반대편 주장에도 귀를 기울여야 한다. 의사들이 실제 임사체험자 수천 명을 수십 년간 연구했다고 해도, 이것이 비과학적이라고 주장하는 사람들이 있기 때문이다. 독일의 의사이자 뇌 연구자인 데틀레프 링케Detlef B. Linke는 임사체험을 통해 저승이나 사후의 삶을 경험했다는 사람들의 주장을 의심스러운 눈초리로 바라보았다. 임사체험은 아직 뇌가 활동하고 있다는 전제하에서만 가능하다는 생각 때문이다. 그는 뇌파가 없다고 해서 뇌의 활동이 완전히 멎었다고 볼 수 없다고 주장했다. 게다가 임사체험을 했다는 사람들은 임상적으로 사망 판정을 받았다가 회복한 사람들 가운데 5퍼센트에 지나지 않으며, 체험자의 뇌가 미래 상황에 직면해 어떤 행위도 할 수 없을 때 나타난다는 점을 밝혀냈다. 즉 임사체험이란 극복할 수 없는 의식 상황에서 뇌가 만들어낸 최후의 방어 반응이라는 것이다.

죽으면 정말 모든 게 끝나는 걸까? 이 단순한 질문은 영혼, 임사체험, 사후 세계에 대한 구체적인 고민으로 이어진다. 죽음 그 자체에 대한 불안과 공포보다 죽음 이후에 어떤 세계가 펼쳐질 것인지에 대한 호기심은 신화, 전설, 민담을 비롯한 수많은 서사문학, 문화, 예술을 통해 상상으로만 그려졌다. 그러나 이제는 과학적이고 체계적인 방식으로 죽음에 접근하고 있다.

무엇보다 우리에게 중요한 건 '그렇다면 우리는 어떻게 살 것인가?'라는 질문과 그에 대한 각자의 응답이다. 죽음은 삶을 비춰보는 거울이며 삶의 종착지에 대한 표지판과 같다. 삶의 문제는 곧 죽음을 전제로 한 고민이기 때문이다. 언제나 죽음은 살아남은 자의 몫이다. 죽은 자는 말이 없다. 존재의 소멸은 현실의 삶을 허무하게 만든다. 타인의 죽음을 대하는 자세는 물론, 자신의 죽음을 고민하지 않는 사람은 땅을 보지 않고 하늘만 바라보며 벼랑을 향해 걷는 사람과 같다.

지혜로운 이의 삶은 죽음에 대한 준비다

윤수가 아버지의 임종을 지켜보면서 느낀 회한은 말로 설명하기 어렵다. 한 줌 재로 변한 유골은 공원묘지에 안장되었으며 이 세상에서 아버지가 완전히 사라졌다는 사실을 받아들이는 데는 오랜 시간이 걸렸다. 지금도 문득문득 그분이 생각나지만 목소리를 듣거나 손을 잡을 수가 없다. 존재의 소멸은 생명의 탄생에 비례할 만큼 극적이다. 죽음은 누구에게나 산 자들과의 영원한 이별이며 육체의 완전한 소멸을 의미한다.

21세기에도 여전히 진화론이 아니라 창조론을 믿는 사람들이 있다. 종교적 믿음을 모두 비과학적이라 비난할 수도 없고, 과학적 이론이 인간과 세상을 모두 설명할 수도 없다.

사후 세계도 마찬가지다. 종교인과 비종교인을 가리지 않는 '임사체험자들의 사후 세계에 대한 절대적 믿음'과, '눈에 보이지 않고 현실 세계에 존재하지 않는 사후 세계에 대한 불신'을 우리는 어떻게 받아들여야 할까. 사후 세계보다 중요한 것이 바로 지금 여기의 삶이다. 죽음은 삶의 종말이 아니라 완성이 아닐까?

죽음에 대한 관심은 인류의 역사와 밀접하게 발전해왔다. 고대 그리스의 철학자부터 키르케고르와 몽테뉴, 톨스토이까지 철학자는 물론 수많은 시인과 소설가들이 죽음의 문제를 간과하지 않았다. 또 사후 세계를 증명하기 위해서 임사체험에 대한 연구도 오랫동안 계속됐다. 셸리 케이건의 『죽음이란 무엇인가』, 데이비드 실즈의 『우리는 언젠가 죽는다』, 미하엘 데 리더의 『우리는 어떻게 죽고 싶은가』, 아툴 가완디의 『어떻게 죽을 것인가』 등 지금도 죽음에 대한 연구, 죽음을 대하는 태도, 존엄한 죽음, 사후 세계에 대한 인간의 탐구는 계속되고 있다. 인간에게 숙명처럼 주어진 영원한 수수께끼 같은 '죽음'이 삶을 더 소중하고 아름답게 한다고 믿는다. 단 한 번의 삶이어서 소중하고, 돌이킬 수 없어 아름답다. 누구에게나 언젠가는 닥칠 죽음에 대하여 그리고 사후 세계에 대한 호기심에 대하여 잠시 생각해볼 시간이다.

무엇보다 중요한 것은 앞으로 남은 생을 어떻게 살 것인지에 대한 근본적인 질문을 스스로에게 던지는 일이다. 하루살이처럼 매일매일 즐겁고 행복하게 사는 것도 좋지만, 조금 더 멀리 더 깊게 인간과 세상을 바라보는 안목을 키우는 일도 중요하다. 그러기 위해서는 지금 내가 발 딛고 서 있는 삶의 현실을 구체적으로 고민해야 한다.

죽음에 대한 관심은 삶에 대한 열정이다. 죽음을 두려워하거나 경멸하지 않는다면, 지금 우리에게 주어진 삶을 좀 더 가치 있게 사용하게 될지도 모른다. 마치 시한부 선고를 받은 사람이 그 누구보다 남은 생을 더 아름답게 보내기 위해 노력하듯 말이다. 태어나는 순간 모든 인간은 무덤을 향해 질주한다는 어느 철학자의 말처럼 넓은 의미에서 우리는 모두 시한부 인생을 살고 있다. 그러니 대충 살든지, 최선을 다해 인생을 즐기든지, 성공을 위해 열심히 일하든지 각자가 선택할 일이다. 다만 그 선택의 기로에서 죽음을 공포와 경멸로, 사후 세계를 현실도피의 수단으로 삼지는 않는 것이 좋다. 죽음은 누구에게나 현실과의 영원한 이별이며, 살아 있는 모든 것들과의 작별이기 때문이다.

죽음은 삶의 종착역이자 지극히 정상적인 자연의 질서다. 이 질서에 순응하면서 '죽으면 정말 모든 게 끝날까'라는 질문을 죽을 때까지 어떻게 살 것인가의 문제로 바꿔보자. 그래도 아버지를 여읜 윤수에게 죽음은 여전히 불편하고 두려운 대상이다. 남은 생을 어떻게 살 것인지, 도대체 무엇이 중요한 것인지 질문하며 살아가는 윤수에게는 뚜렷한 목표, 세속적 성공을 향해 달리기보다 따뜻하고 작은 행복이 더 소중해 보인다. 아버지가 그립지만 자신도 언젠가 아버지 곁으로 간다고 생각하며 위안을 삼는다. 그때까지는 후회 없이 살 생각이다.

함께 읽어볼 만한 책

구인회, 『죽음에 관한 철학적 고찰』, 한길사, 2015.

노베르트 엘리아스, 『죽어가는 자의 고독』, 김수정 옮김, 문학동네, 2012.

데이비드 실즈, 『우리는 언젠가 죽는다』, 김명남 옮김, 문학동네, 2010.

마이클 팀, 『사후 세계의 비밀』, 김자성 옮김, 북성재, 2013.

미하엘 데 리더, 『우리는 어떻게 죽고 싶은가?』, 이수영 옮김, 학고재, 2011.

셸리 케이건, 『죽음이란 무엇인가』, 박세연 옮김, 엘도라도, 2012.

쇠렌 키르케고르, 『죽음에 이르는 병』, 임규정 옮김, 한길사, 2007.

수전 손택, 『타인의 고통』, 이재원 옮김, 이후, 2004.

아툴 가완디, 『어떻게 죽을 것인가』, 김희정 옮김, 부키, 2015.

에밀 뒤르켐, 『자살론』, 황보종우 옮김, 청아출판사, 2008.

엘리자베스 퀴블러로스, 『죽음과 죽어감』, 이진 옮김, 이레, 2008.

이경신, 『죽음연습』, 동녘, 2016.

이준일, 『13가지 죽음』, 지식프레임, 2015.

조르주 미누아, 『자살의 역사』, 이세진 옮김, 그린비, 2014.

케이티 버틀러, 『죽음을 원할 자유』, 전미영 옮김, 명랑한지성, 2014.

한림대학교 생사학연구소, 『생과 사의 인문학』, 모시는사람들, 2015.

열둘 ○

나만의 길을 걷는 행복

○ 　나만 행복한 방법이 가능한 세상은 없다. 좀 더 몸을
낮추고 타인과 세상을 돌아보며 자기만의 길을 걸
어야 행복하다. 하이힐과 딱딱한 구두를 벗고 가볍
고 편한 운동화로 갈아 신을 시간이다.

행복에 걸려
비틀거리다

매년 3월 20일은 '세계 행복의 날'이다. 유엔지속가능개발연대SDSN는 매년 「세계 행복 보고서」를 발표한다. 전 세계를 상대로 한 이 자료는 소득, 자유, 신뢰, 기대 수명, 사회적 지지 및 포용성 등 행복을 뒷받침하는 여섯 가지 핵심 변수에 따라 국가별 순위를 매긴다. 대한민국은 2015년 143개국 중 118위로 최악이었다가 2018년 156개국 중 57위로 상승했다. 이제 많이 행복한 나라가 된 건가? 2018년 1위는 핀란드가 차지했다. 2017년 1위였던 노르웨이가 2위로 한 계단 내려왔고 덴마크, 아이슬란드, 스위스가 뒤를 이었다. 상위권 국가들은 매년 순위에 큰 변동이 없다. 우리는 정치, 사회, 경제 여건 변화에 따라 개인의 행복감 순위가 요동치는 나라에 산다.

행복을 수치로 환산할 수 있느냐는 반론을 제기하는 사람들은 심리적이고 개인적인 느낌을 계량화하는 데 반대한다. 하지만 물리적, 환경적, 객관적 조건을 따져본 결과는 실제 사람들이 느끼는 행복 지수와 크게 다르지 않다.

이 조사에서 행복 지수가 높은 나라들의 공통점은 무엇일까? 그것은 바로 '평등'이다. 흔히 우리는 이런 나라를 복지국가라 부른다. 소수 특권층이 아니라 대다수 국민들이 다 함께 행복한 나라라는 의미다. 행복 지수가 낮은 나라들은 불평등이 심각하다. 경제성장 극대화를 정책적 목표로 삼는 나라들이 많다. 그 결과는 부의 편중과 빈부 격차의 심화다. 대표적인 사례가 바로 미국이다. 2007년 OECD 국가 중 3위였던 미국은 2018년 18위로 추락했다. 경제민주화를 실현시키지 못하고, 기업하기 좋은 조건을 만들어 죽음을 외주화하고, 부동산 광풍이 소시민의 삶을 뒤흔들어 불로소득에 열 올리는 대한민국이 행복할 리 없다.

우리는 누구보다 열심히 살았다. 쉬지 않고 공부했고 열심히 취업 준비를 했으며 자기계발도 게을리하지 않았다. 그런데도 30대 중반 무렵 자신을 돌아보니 '타임 푸어'가 되어 있음을 발견하는 사람이 많다. 어떤 직업을 갖고 몇 평짜리 집에서 사느냐고 묻는 대신 가처분 시간을 물어보는 게 누군가의 행복 지수를 측정하는 중요한 요소가 아닐까. 한국인은 누구나 바쁘고 거의 모든 사람이 열심히 사는데 왜 행복하지 않을까. 때때로 제대로 살고 있는지 자신을 돌아볼 때마다 우리는 삶의 만족감보다는 남보다 뒤처지지 않기 위해, 누군가에게 보여주기 위해 살아온 게 아닌가 싶은 생각을 한다. 비교 대상이 친구와 이웃이 아니라 어제의 자기 자신일 순 없는 걸까?

우리는 흔히 행복의 조건으로 능력과 욕망을 떠올린다. 능력은 '잘할 수 있는 것'이고 욕망은 '하고 싶은 것'이다. 욕망을 채울 수 있는 사람은 행복하다. 하지만 욕망의 크기는 사람마다 다르다. 능력에는 한계가 있지만 욕망은 한계가 없다. 행복하게 살고 싶다면 능력을 키우고 욕망을 줄여야 한다. 그런데 변수가 있다. 능력과 욕망보다 중요한 요소가 '비교'다. '불행하게 살고 싶다면 비교하라'라는 역설이 성립된다. 누구나 학창 시절 얼굴도 모르는 엄마 친구 자식들 때문에 잔소리를 들은 적이 있지 않은가. 비교하는 삶은 지옥의 문을 활짝 열어준다.

열둘 ○ 나만의 길을 걷는 행복

알랭 드 보통은 "속물의 독특한 특징은 단순히 차별을 하는 것이 아니라, 사회적 지위와 인간의 가치를 똑같이 본다는 것이다"*라고 통찰한다. 행복과 불행이 사회적 지위, 물질적 가치로 환원되는 사회에서의 삶은 위험하다. 우리 사회가 이미 도를 넘어서 있지는 않은가? 주변에 '속물'을 찾아보자. 막상 누구도 자신이 속물이라고 인정하지 않는다. 그러나 마음 깊은 곳에서도 그렇지 않다고 말하고 있을까.

사실 우리는 적당한 속물주의자다. 겉으로 드러나지 않지만 비교하고 차별하는 습관을 쉽게 버리지 못해 행복에서 점점 멀어진다. 우리는 남보다 우위를 점하지 못해 불행하다. 주변을 둘러보지 않고 살 수는 없는 노릇이지만 자기만의 길을 걷고 주체적인 삶을 꾸려나가는 사람은 타인과 자신을 쉽게 비교하지 않는다. 남들과 나를 비교하는 순간 행복에 걸려 비틀거리기는커녕 불행에 걸려 자빠진다.

국가 차원에서 다른 나라와 비교하는 거시적 관점은 실제 생활과는 거리가 멀 수도 있다. 형제자매, 친구, 이웃과 비교하는 사람을 멀리하고, 타인이 아니라 자신의 삶에 몰두하며, 대화의 중심에 타인이 아닌 자신을 놓아보면 어떨

★ 알랭 드 보통, 『불안』, 정영목 옮김, 은행나무, 2011, 29쪽.

까. 우리는 고만고만한 주변 사람들을 보며 비교하고 화를 내지만 정작 자기 삶의 뿌리를 송두리째 뒤흔드는 정치인, 기업가, 검찰, 경찰, 언론의 불법·탈법적 행태는 외면하기 십상이다. 범접할 수 없는 거대한 권력이라고 생각하기 때문일까?

각자도생을 유발하는 자본주의 사회의 무한 경쟁 시스템 안에서 우리끼리 서로 헐뜯고 비난하는 건 아닐까. 빵 하나를 훔치면 감옥에 가지만 한 나라를 훔치면 영웅이 되는 법이다. 진짜 행복은 바로 이런 보이지 않는 자들에게 빼앗긴 자기 몫의 빵을 되찾고 그 빵을 나누는 방법을 고민할 때 가능하다. 친구보다 빵이 작다고 친구를 미워하지 말고 나눠준 사람의 얼굴을 가만히 들여다보자.

행복은 마음먹기에 달려 있다는 뜬구름 잡는 이야기 대신 행복의 조건과 방법을 따져보고, 불행의 근본적인 원인과 대안을 생각해보는 편이 현실적이다. 철학적 반성과 성찰도 필요하지만 현실을 바라보는 눈과 삶의 태도를 점검하는 일도 중요하다.

다시,
행복이란 무엇인가?

이제 객관적 자료가 아닌 주관적 반응을 한번 살펴보자. 미국의 여론 조사 업체 갤럽은 사람들이 스스로 얼마나 행복하다고 느끼는지에 대한 설문 조사 결과를 발표한 바 있다. 피지, 콜롬비아, 멕시코를 비롯한 중남미 국가와 필리핀, 베트남, 인도네시아 등 아시아 여러 나라가 상위권을 차지하고 있다. 객관적 지표와 달리 주관적인 '느낌'은 비교가 불가능하다. 가난해도 행복한 사람이 있고 돈이 많아도 불행하게 사는 사람이 있다는 증거다. 각자 자기 삶에 대한 만족도가 다르고 행복하다고 느끼는 이유도 다르다. 따라서 행복은 객관적, 물리적 조건뿐 아니라 주관적, 심리적 요소도 함께 살펴야 한다. 또 개인과 사회를 함께 들여다봐야 한다.

행복 지수는 곧 일상생활의 만족도다. 일상생활은 정치, 경제와 뗄 수 없는 관계다. 지난 역사를 돌아봐도 짐작할 수 있다. 가깝게는 세월호 참사, 박근혜와 최순실의 국정 농단 사태가 우리에게 미친 영향은 심각했다. 시민들에 의한 촛불 혁명이 그나마 자존감을 되찾게 해주었으나 우리 사회가 지향해야 할 방향과 정책, 경제적 평등 지수가 우리가 체감하는 행복에서 매우 중요한 부분을 차지한다는 사실을 간과할 수 없다.

그렇다면 청소년들의 행복 지수는 어느 정도일까? 잘산 다 하는 나라들의 모임인 OECD의 조사에 따르면 국제학업 성취도평가*에서 한국은 언제나 최상위권 성적을 거두고 있 다. 하지만 대한민국 청소년들의 행복 지수는 한때 3년 연속 최하위를 기록했으며 여전히 최하위권을 맴돈다. 우리가 느 끼는 현실은 행복한 삶과 거리가 멀어 보인다. 그럼에도 어 떻게 살고 싶냐는 질문에 대부분의 사람들은 행복하게 살고 싶다고 답한다. 행복이란 도대체 무엇일까?

칸트는 "행복의 개념은 아주 불명확한 것이어서, 모두 행복을 얻고자 하면서도 정작 자신이 진정 원하고 의도하는 게 무엇인지 그 누구도 명확하고 일관되게 말할 수 없다"고 했다. 그만큼 행복은 정의하기 어렵다. 국어사전을 찾아봐도 "복된 좋은 운수"라는 짧막한 설명밖에 얻을 수 없다. 수많은 철학자, 심리학자, 정신분석학자, 종교인이 행복에 대해 연

★ Programme for International Student Assessment, PISA. OECD가 만 15세 이상 학생을 대상으로 각국의 학업 성취도를 비교 평가하는 시험. 교육 과정에 바탕을 둔 지식보다는 실생활에 필요한 응용 능력을 평가해 국제적으로 비교할 목적으로 2000년부터 3년마다 실시한다.

구하고, 행복하게 사는 법을 이야기하지만 행복은 결국 주관적이고 개인적인 경험과 감정의 영역이다. 하버드대 심리학과 교수인 대니얼 길버트Daniel Gilbert는 행복의 종류를 감정적인 행복, 도덕적인 행복, 평가적인 행복으로 나누기도 한다. 행복은 사회를 바라보는 관점, 삶의 목표, 현실적 상황, 주관적 판단, 자기 합리화, 미래에 대한 전망에 따라 수많은 형태로 표현할 수 있고 느낄 수 있는 추상적인 대상이다.

아리스토텔레스는 "행복은 삶의 의미이자 목적이요, 총체적인 목표다"라는 말로 인간의 삶에서 행복이 중요함을 강조한다. 그러나 사람마다 행복에 대한 기준은 다르고 행복하게 사는 방법도 제각각이다. 무엇이 당신을 행복하게 하는가? 어떤 물건일 수도 있고, 사람일 수도 있으며, 장소일 수도 있고, 행동이나 감정일 수도 있다. 그걸 얻기 위해 무엇이 필요한가? 어떤 준비를 해야 할까?

조금만 더 깊이 생각해보면, 행복에 대한 고민은 자연스럽게 '어떻게 살 것인가'에 대한 고민으로 이어진다. 공부를 하는 이유, 전공과 대학을 선택하는 기준, 직업을 준비하는 과정, 사람들 사이의 관계가 이 고민에서 시작된다. 사람마다 제각각인 것 같은 '행복'도 거시적인 안목에서 보면 시간과 공간을 공유하는 우리 사회를 떠나 생각할 수 없다. 내가 행복하지 못한 이유, 대한민국이 불행한 이유는 무엇일까. 행복 스트레스에서 벗어나 나만의 길을 걸을 수는 없을까.

우리가 남들보다 불행한 이유

행복의 필요충분조건으로 대부분의 사람들이 '돈'을 떠올린다. 춥고 배고픈 거지의 행복을 위해 시급한 것은 따뜻한 밥과 잠자리일 것이다. 생존을 위한 기본 조건이 갖춰지기 전에 다른 행복을 말하기 어렵기 때문이다. 그렇다고 해서 돈으로 행복을 살 수는 없다. 대한민국의 경제 수준과 행복 지수 순위가 어긋난 이유는 뭘까. 이 책의 첫 번째 질문, '행복은 얼마면 살 수 있을까'로 시작해서 여기까지 왔는데, 겨우 제자리다. 밥벌이의 지겨움과 '먹고사니즘'에 매몰된 일상에서 한 발짝도 벗어나지 못한 것은 아닌지. 우리가 사는 일상의 표피를 벗겨내고 함께 본질적인 고민을 해보자던 의도가 어느 정도 이루어졌는지 모르겠다.

'어떻게 살 것인가'라는 막연하고 추상적인 질문은 '행복하게 살고 싶다'라는 작은 희망으로 귀결된다. 그런데 무엇

열둘 ○ 나만의 길을 걷는 행복

이 나를 행복하게 하는지 모르겠다거나 오로지 '돈'이 모든 걸 해결해줄 것이라는 생각이 우리를 괴롭힌다. 세상엔 돈으로 살 수 없는 것들이 더 많고 행복은 그중 하나일 수도 있다. 물질적 풍요로움과 기본적인 생활의 자유로움이 행복의 전제 조건임은 말할 나위도 없지만 가난하다고 해서 행복을 왜 모르겠는가.

행복에 관한 철학, 시, 에세이 등 읽은 책 내용을 떠올려보지만, 구체적인 '방법'을 제시하는 책은 없다. 자기계발서처럼 나만 생각하자, 신경 끄자, 마음의 소리에 귀를 기울여라, '소확행'이 최고다 등등의 조언을 들었지만 결국 행복은 돈으로 살 수 있는 게 아니면서 동시에 돈 없이 행복할 수 없다는 결론에 이를 수도 있다. 인생은 '어떻게'도 중요하지만 '왜'라는 질문부터 해야 단순해진다. 복잡할수록 단순하게 생각해보자.

자기계발서와 부동산 투자 비법, 성공 전략에 관한 책들이 넘쳐난다. 기본적으로 현대인에게 행복은 물질적인 풍요로움을 의미하기 때문이다. 그러나 물질적인 풍요로움이든 육체적, 정신적 만족이든 '욕망'의 과잉은 불행을 자초한다. 프랑스의 정신분석학자 라캉Jacques Lacan은 '욕망desire＝요구demand－필요need'라는 공식으로 욕망을 정의한다. 대부분의 경우, 생물학적 충동이나 본능을 위해 요구되는 것에서 근본적인 필요가 충족되고 나면 욕망이 남는다. 이 공식에 따르면, 불행은 욕망의 과잉 때문이라는 분석이 가능하다. 물론 이 수학 공식에서 요구의 기준은 개인마다 다를 수 있다. 그래서 사람마다 행복한 이유가 다르고 행복해지는 방법도 제각각이다. 그렇다고 해서 행복해지기 위해 행복 스트레스를 받는 현실을 내버려둘 수는 없다. 그 원인과 배경을 알아야 행복에 현혹되지 않고 좋은 삶을 찾을 수 있을 테니까.

철학자 탁석산은 '자본주의는 세속화된 종교다'라는 베냐민의 말을 패러디해 '행복은 세속화된 종교'라고 주장한다. 긍정적인 사고, 감사하는 마음, 웃음과 나눔, 비교하지 않기 같은 처방으로는 결코 행복해질 수 없다는 의미다. 그는 "오늘날 행복을 말하는 것은 행복을 파는 것"*이라고 분석한다. 현대인에게 행복은 장삿속에 불과하다는 것이다.

행복은 특히 시대의 산물이기에 더욱더 시대 조건을 살필 수밖에 없다. 나는 공리주의, 민주주의, 개인주의,

★ 탁석산, 『행복 스트레스』, 창비, 2013, 9쪽.

　　　　　　　　열둘 ○ 나만의 길을 걷는 행복

시장주의가 행복의 시대 조건이라고 생각한다.★

현대인의 행복 신화는 영국의 철학자 제러미 벤담Jeremy Bentham의 공리주의에서 출발한다. 벤담은 사회와 개인의 모든 행위 원리를 '고통의 최소화'와 '쾌락의 극대화'로 보았다. 공리주의는 공동체 전체의 행복을 목표로 하기 때문에 개인주의적 요소가 약하다. 하지만 평등을 가치로 내세우는 민주주의에는 함정이 도사리고 있다. 최대 다수의 행복을 위해 소수의 희생이 요구되는 상황, 신분 질서가 사라졌는데도 태어날 때부터 기울어져 있는 운동장을 생각해보면 불행의 원인을 개인에게만 돌릴 수는 없다.

손쉬운 성공과 즉흥적 쾌락 추구가 미국식 민주주의의 특징이라는 토크빌Alexis de Tocqueville의 분석은 우리가 꿈꾸는 행복과 매우 유사하다. 또 에릭 와이너Eric Weiner는 현대인들이 '행복하지 않음의 불행'이라는 독특한 질병에 시달리고 있다고 분석했다. 이런 현상을 탁석산은 '행복에 대한 집착'이라고 지적한다. 현대인에게 행복이 널리 유통되는 이유는 누구에게나 해당되는 대중적인 개념이기 때문이라는 것이

★ 탁석산, 앞의 책, 61쪽.

다. 고독한 현대인은 스마트폰이나 인터넷으로 맺어진 가짜 관계와, 노동도 물건처럼 사고파는 상품이 된 이 시대의 삶의 조건 때문에 불행하다.

무지개는 멀리서 봐야 아름답다. 그 찬란한 빛의 산란 작용은 거리를 유지해야 볼 수 있다는 역설이 작용한다. 만질 수도 없고 가까이 갈 수도 없는 허상에 가깝다. 우리가 꿈꾸는 행복이 그렇지 않을까. 불행한 이유가 행복하지 않기 때문인지, 행복에 집착하기 때문인지 모르겠지만 사람들은 각자 제 나름의 방법으로 행복하거나 수많은 이유 때문에 불행하다.

현대인의 불행은 욕망이라는 개인의 문제와 사회의 구조적 문제에서 시작된다. 이제 욕심만 줄이면 행복해질 수 있느냐고? 잘못된 세상 탓으로 돌리면 그만이라고? 아니다, 그렇지 않다. 내가 남들보다 불행한 이유는 삶의 가치와 목표, 생활하는 태도와 방법 때문이기도 하다. 어떻게 살 것인가에 대한 진지한 고민은 '지금-여기'에서 시작해야 한다. 이것이 마지막으로 우리가 행복에 대해 생각해야 할 점이다.

행복은 멀지 않은 곳에서
우리를 기다린다

플라톤은 행복에 대해 "고통이 없는 상태"라는 최소한의 조
건을 제시했고 아리스토텔레스는 "행복은 많은 사람들에게
공통되는 것일 게다. 탁월성을 획득하기가 아주 불가능하지
는 않은 사람이라면 누구나 어떤 종류의 배움과 노력을 통
해 행복을 성취할 수 있기 때문이다"*라는 말로 작은 배움과
노력으로 행복을 성취할 수 있다고 말했다. 반면에 버트런드
러셀은 "사람을 상하게 하는 것은 과로라고 하지만, 실제로
사람을 상하게 하는 것은 과로가 아니라, 특정한 종류의 걱
정이나 불안"이라고 지적하며, "자신의 능력을 충분히 발휘
하고 자신이 몸담고 있는 세상을 완전히 인식하면서 느끼는
행복이야말로 진정한 충족감을 주는 행복"**이라는 적극적
인 행복론을 주장한다. 러셀은 경쟁, 권태, 자극, 피로, 질투,
피해망상, 죄의식, 여론에 대한 두려움 때문에 행복이 우리
의 곁을 떠난다고 지적한다. 그에 반해 열정, 사랑, 일, 폭넓

★ 아리스토텔레스, 『니코마코스 윤리학』, 이창우 외 옮김, 이제이북스, 2006, 36쪽.
★★ 버트런드 러셀, 『행복의 정복』, 이순희 옮김, 사회평론, 2005, 82쪽, 158쪽.

은 관심, 노력 등이 우리를 행복으로 안내한다고 말한다. 진화론의 관점으로 행복에 접근한 서은국은 행복이 객관적인 삶의 조건들에 의해 크게 좌우되지 않으며 행복의 개인차를 결정적으로 좌우하는 요인은 '외향성'이라는 유전적 성격 특질이라고 주장한다.★ 수백 편의 논문을 통해 검증된 과학적 결론을 사람들은 어떻게 받아들일까?

철학자들이 말하는 행복과 우리가 원하는 행복이 정말 다를까. 무더운 여름날 등 뒤에서 불어오는 시원한 바람, 해 질 녘 우연히 바라본 서쪽 하늘, 예상치 못한 친구의 전화, 땀 흘려 일한 뒤에 마시는 시원한 물 한 잔은 어떤가. 사람들은 제각각 다른 행복론을 주장하지만 사실 그건 지나치게 주관적인 영역일지도 모른다. 손을 뻗으면 닿을 수 있는 곳에 항상 놓여 있지만 고개를 돌려 조금 더 먼 곳에 있는 것을 잡으려는 욕망이 우리를 행복에서 멀어지게 한다.

보통 우리는 노력 부족, 부정적인 태도, 게으름 등 때문에 사람들이 불행하게 산다고 생각한다. 하지만 앞서 살펴본 대로 마음만 먹으면 성공할 수 있다는 생각은 민주주의에 대한 오해에서 비롯되었다. 인간은 태어날 때부터 존엄한 존재

★ 서은국, 『행복의 기원』, 21세기북스, 2014.

열둘 ○ 나만의 길을 걷는 행복

로 누구나 평등하다는 생각은 옳다. 그러나 이런 생각이 행복 스트레스를 만들고 불행의 원인을 자신에게서 찾는 부작용을 가져오기도 한다. 고대 그리스에서는 평등을 서로 지배하지 않는다는 의미가 담긴 '이소노미isonomy'라는 말로 정의했다. 이는 정치적 자유를 위한 평등으로 우리가 생각하는 평등과는 차이가 있다. 행복은 누구에게도 지배받지 않고 정치적·제도적 참여가 평등하게 이루어지는 민주주의 사회를 전제로 한다.

불행의 원인 중 많은 부분이 타인과의 경쟁에서 살아남기 위한 스트레스 때문이다. 그러니 과정의 평등뿐 아니라 결과적 평등, 제도적 평등이 이루어지지 않으면 행복하기 어렵다. 이는 자신의 불행을 세상 탓으로 돌리자는 말이 아니다. 나만 행복하게 살기 위해 노력한다면 결코 행복할 수 없으며, 행복을 위해 필요한 사회적·개인적 기준과 조건을 함께 고민하자는 의미다.

아픈데 돈이 없어 병원에 가지 못하고 죽는다면 어떨까? 사회의 일원으로서 함께 노력하지 않으면 행복해질 수 없다는 사실은 쉽게 확인할 수 있다. 개인적인 이익만 추구하는 경쟁 사회에서 다수는 불행할 수밖에 없고, 가진 사람은 더 많은 것을 갖기 쉽다. 그러나 이런 소수의 행복으로는 지속

가능한 사회를 만들 수 없다. 이것은 단순한 복지 논쟁이 아니다. 모든 것이 상품화되고 개인은 고립되며 가짜 관계가 넘치는 사회에서, 결국 행복은 개인과 사회가 함께 만들어가야 한다.

신분 상승을 위한 피나는 노력, 돈과 명예와 권력을 얻으려는 출세 지상주의는 행복의 조건이 아니다. 마이클 샌델도 지적했지만 돈으로 살 수 없는 것을 돈으로 살 수 있는 사회의 구성원들이 행복할 리 없다. 이것은 개인의 노력으로만 해결될 수 없다. 그래서 서로 생각을 나누고 공유하는 일이 중요하다. 행복해지기 위한 '행복 교과서'가 필요한 게 아니다. 행복의 조건들을 따로, 또 같이 고민해야 한다.

아침에 눈을 뜨고 잠들 때까지 모든 걸 혼자 해결하며 사는 사람은 없다. 행복도 개인의 노력만으로는 불가능하다. 행복은 개인의 차원, 마음의 문제로 환원되지 않는다. 사회적 차원에서 행복의 기준과 방법을 조금 더 생각해보면, 개인적 차원에서 어떤 노력과 태도가 필요한지 자연스럽게 답을 얻을 수 있다. 행복 때문에 스트레스 받지 말고 개인적인 문제와 더불어 사회의 제도적 측면까지 함께 살펴보자. 그것이 행복한 삶을 위한 첫걸음이다.

현재와 미래의 행복은
어떻게 다를까

역사학자 유발 하라리는 2016년 4월 한국을 방문해 "현재 학교에서 가르치는 내용의 80~90퍼센트는 아이가 40대가 됐을 때 쓸모없을 확률이 높다"라고 말해 충격을 줬다. 농업과 산업 시대로부터 물려받은 유산으로는 생명과학과 인공지능이 지배하는 새로운 시대를 준비할 수 없다는 충고다. 그렇다면 미래의 행복도 4차 산업혁명이 책임져줄까. 물질적 풍요와 좀 더 편리한 생활은 미루어 짐작할 수 있다. 완벽한 자율 주행 시스템은 음주 운전이나 졸음운전으로 인한 불행을 예방할 것이며 사람은 더 이상 위험하고 힘든 일을 하지 않는 세상이 되리라.

그러면 미래의 행복은 로봇과 인공지능에 달려 있을까? 시대가 변하고 세상이 달라져도 인간에게 필요한 행복의 조건은 그대로가 아닐까. 우리는 수많은 질문과 대답 속에서 현재의 삶을 고민하고 미래의 행복에 대해 깊이 생각해왔다. 돈으로 해결할 수도 없고 철학자의 말대로 살 수도 없다. 우리가 지금까지 얻은 작은 결론은 자기 자신이 되라는 충고와 조언이다. 주체적인 삶을 산다는 것은 자신이 어떤 사람인지

명확하게 파악하는 데서 출발한다. 자신의 상황, 욕망, 취향, 특성을 객관적으로 살피고 나면 타인과의 관계도 달라진다. 어제의 나와 오늘의 나를 성찰하며 한 발 한 발 앞으로 나아가자. 그것이 주체적인 삶의 길이다.

누구나 자신의 행복에 대해 계속해서 고민한다. 어떤 일을 할 때 행복한지, 무엇을 먹을 때 행복한지, 누구를 만날 때 행복한지, 얼마큼 벌어야 행복한지, 어떻게 놀아야 행복한지 말이다. 그런데 문제는 자기 행복에 대한 기준이 없을 때 발생한다. 그럴 때는 시간과 노력의 배분, 만족스러운 결과에 대한 평가에 자신이 없다. 인생의 목표와 성공을 위해 몇 가지를 희생하고 참고 견딜 수는 있지만, 그걸 이뤘을 때 얼마나 만족스러울지는 모른다. 자신의 일상생활, 타인과의 관계, 직장에서의 업무, 연봉과 저축 금액 등 고민은 끝이 없을뿐더러 그게 정말 자신이 원하는 삶인지도 의심스럽다. 매일 매 순간 편안하고 행복한 삶은 불가능하다. 다만 인생이라는 과정을 자신이 얼마나 즐기고 있는지 돌아볼 필요가 있다.

행복은 모두가 자기 역할을 제대로 할 때 은은하게 풍기는 라일락 향기와 같은 게 아닐까. 자기 자신은 물론 이웃과 우리가 속한 공동체 전체가 행복해야 나도 행복하다. 인문학적 사유는 인간의 문제에 대한 근본적인 질문과 고민이다.

열둘 ○ 나만의 길을 걷는 행복

정해진 답이 있는 게 아니라 그러한 생각과 고민의 시간이 어떤 식으로든 자기 삶에 영향을 미치고 거름이 될 것이다.

스스로에게 던진 질문을 이제 타인과 세상을 향해 던져보자. 인간과 세상을 바라보는 안목을 기르고 이웃과 사회를 생각하는 태도가 행복한 삶, 좋은 삶을 위한 전제 조건이 아닐까. 나만 행복한 방법이 가능한 세상은 없다. 좀 더 몸을 낮추고 타인과 세상을 돌아보며 자기만의 길을 걸어야 행복하다. 하이힐과 딱딱한 구두를 벗고 가볍고 편한 운동화로 갈아 신을 시간이다. 페이스 조절에 실패하면 멀리 가지 못한다.

함께 읽어볼 만한 책

대니얼 길버트, 『행복에 걸려 비틀거리다』, 서은국 외 옮김, 김영사, 2006.

마이클 폴리, 『행복할 권리』, 김병화 옮김, 어크로스, 2011.

버트런드 러셀, 『행복의 정복』, 이순희 옮김, 사회평론, 2005.

서은국, 『행복의 기원』, 21세기북스, 2014.

아리스토텔레스, 『니코마코스 윤리학』, 이창우 외 옮김, 길, 2011.

악셀 호네트, 『인정투쟁』, 문성훈·이현재 옮김, 사월의책, 2011.

알랭 드 보통, 『불안』, 정영목 옮김, 은행나무, 2011.

에릭 와이너, 『행복의 지도』, 김승욱 옮김, 웅진, 2008.

에카르트 폰 히르슈하우젠, 『행복은 혼자 오지 않는다』, 박규호 옮김, 은행나무, 2010.

엘리자베스 파렐리, 『행복의 경고』, 박여진 옮김, 베이직북스, 2012.

웨인 다이어, 『행복한 이기주의자』, 오현정 옮김, 21세기북스, 2013.

유발 하라리, 『사피엔스』, 조현욱 옮김, 김영사, 2015.

이반 일리치, 『행복은 자전거를 타고 온다』, 신수열 옮김, 사월의책, 2018.

이원석, 『인문학 페티시즘』, 필로소픽, 2015.

자크 라캉, 『욕망 이론』, 권택영 외 옮김, 문예출판사, 1994.

장 보드리야르, 『시뮬라시옹』, 하태환 옮김, 민음사, 2001.

탁석산, 『행복 스트레스』, 창비, 2013.

탈 벤 샤하르, 『행복이란 무엇인가』, 김정자 옮김, 느낌이있는책, 2014.

함께이면서도
혼자 걷는 길

우리가 사는 곳에서 지구 반대편인 스페인에는 '카미노 데 산티아고'라는 길이 있다. 예수의 열두 제자 중 하나였던 야곱의 무덤이 있는 도시 '산티아고 데 콤포스텔라'로 향하는 약 800킬로미터에 이르는 순례길이다. 서울에서 부산까지 왕복 거리쯤 되는 머나먼 길이지만 파울로 코엘료의 에세이 『순례자』가 출간된 이후 세계적인 명소로 각광받았다. 종교와 무관하게 자기 자신을 돌아보고 생의 진리를 찾고 싶은 사람들이 수없이 이 길을 걸었다. 남프랑스에서 스페인 북부해안까지 걷고 또 걸은 사람들의 이야기를 읽으며 떠나고 싶어졌다. 따로, 또 같이 걸으며 사람들은 스스로 깨닫는다. 나는 누구인지, 삶은 무엇인지, 세상을 어떻게 살아야 하는지 말이다.

불교에서는 이를 '고행苦行'이라 부른다. 편안함과 안락

함을 거부하며 고통 속에 자신을 밀어 넣는 것이다. 순례자들은 지루한 길 위에서, 고통스러운 육체의 한계를 통해 자신을 발견한다. 지나온 생을 돌아보고 자신의 존재 의미를 확인한다. 관광 혹은 여행과 달리 이 길을 택한 사람들은 호기심과 다른 그 무엇을 '스스로' 얻기 위해 사유의 길을 걷는다. 우리는 문득문득 '나에게 남은 삶의 길은 어디로 흘러갈까?'라는 질문 속에 갇힌다. 자기 노력의 결과와 우연히 얻은 행운이 중첩되는 부조리한 생에 대해 정답을 제시하는 사람은 없다. 순간순간 자기 경험과 지식을 토대로 선택하고 판단하고 결정한다. 오늘도, 내일도!

어두운 골목길을 걷다 담벼락의 모퉁이를 만나면 불안하다. 보이지 않는 어둠의 저편에서 뭐가 튀어나올지 알 수 없다. 모퉁이를 도는 순간 낯선 누군가와 부딪치기도 한다. 알 수 없는 미래 때문에 불안하지만 기대와 희망을 걸고 걸을 수 있으니 다행인지도 모른다. 하지만 지금 내가 왜 이 길을 걷고 있는지, 다른 길은 없는지, 내가 원하는 미래는 어떠하며 왜 그런지, 현재의 고민과 갈등의 근본적인 원인은 무엇 때문인지 잘 모른다.

이 책에서 다룬 열두 가지 주제는 인생의 길모퉁이를 돌때마다 자주 부딪치는 질문들이다. '왜'라는 질문이 없는 삶은 편안하고 단순하다. 주어진 길만 열심히 걷는 사람에겐 오히려 고민과 갈등이 없다. 하지만 그렇게 살고 싶은 사람은 없다. 스스로 자기 삶의 주인이 되는 길을 걷고 싶지 않은가. 열세 번째, 열네 번째 질문과 고민은 이제 스스로 만들어 보자. 가장 세속적인 부와 명예 그리고 권력의 달콤함에 대하여, 화려하게 성공한 인생에 관하여, 지질한 일상이 무한히 반복되는 현실을 위해 우리가 할 수 있는 일은 개미처럼 성실한 '노오력'과 끊임없는 자기계발이 아니라 변화에 대한 열망과 따로, 또 같이 더불어 사는 방법에 대한 고민이 아닐까.

개인의 삶은 사회적 관계 속에서 결정된다. 한 사회는 개인과 개인의 결속으로 이루어진 거대한 공동체다. 나와 타인의 관계를 돌아보고 내 생각은 어떻게 결정되었는지, 나는 왜 이렇게 행동하는지, 그 결과가 사회에 미치는 영향은 무엇인지 고민하는 만큼 타인의 생각과 행동 그리고 우리 사회가 지향하는 목표와 가치를 깊이 고민하지 않는다면, 오늘도 내일도 같은 날들의 반복이다.

얄팍한 지식과 허세, 수많은 성공 비법과 처세술 사이에서 길을 잃지 않고 뚜벅뚜벅 자기 길을 걷는 가장 좋은 방법은 지속적인 사유와 고민이다. 주체적인 사고가 불가능한 사람에게 행복은 저절로 주어지지 않는다. 향기 나는 삶을 원한다면 향수 대신 서가에 꽂힌 수많은 책들 사이에서 조금 더 시간을 보내야 한다. 생각의 무능함은 자기 자신뿐 아니라 인류 사회를 불행하게 할 수도 있다는 깨달음, 자기 이익을 위한 침묵과 외면은 결국 더 큰 절망으로 돌아온다는 생각이 들 때가 있다면 나와 세상 사이에 놓인 외나무다리를 홀로 건널 수 있는 자신감이 생길 것이다. 이제, 혼자라도 외롭지 않게 먼 길을 떠나보자.